神鷹眼裡的巨龍

印尼對中國外交的文化視角

鄧克禮 著

淡江大學出版中心

目次

參考文獻

附錄

推薦序（一）

李　明

　　印尼轄下一萬七千多個島嶼，橫跨亞洲和大洋洲，號稱「萬島之國」，是世界上最多島嶼的國家。印尼人口將近3億，居世界第四位，其中百分之八十五以上信仰伊斯蘭教，也是伊斯蘭教民最多的國家。再者，印尼管控麻六甲海峽，1970年代爆發能源危機之後，戰略地位更形重要。晚近印尼對西方國家採取較開放友善的態度，居然也曾經一度成為伊斯蘭基本教義派恐怖攻擊的目標。印尼在東南亞國家協會（東協）也是最大國和最大經濟體，亦是二十國集團（G-20）之一，相當程度代表東協的利益，在東協國際政治和經濟事務動見觀瞻。

　　大陸與印尼有著長久關係，同樣是人口眾多的大國，加以地緣政治和經濟地位均快速提升，彼此密切的政治交往始於1950年代。1945年印尼甫脫離荷蘭殖民統治獲得獨立，早在1950年4月便與北京建交，當權的蘇卡諾政府標榜和西方殖民主義維持距離，醞釀包括中國、印尼、埃及、印度、緬甸等共三十個國家參加了1955年4月的萬隆會議，是為第一次「亞非會議」。會議提出了處理國際關係的十項原則，體現了亞非人民為反帝反殖、爭取民族獨立、維護世界和平而團結合作、共同鬥爭的願望，當時被稱為「萬隆精神」。

　　即使如此，印尼和中共之間關係也非平靜無波，蓋因
1965 年 9 月 30 日印尼發生了企圖推翻蘇卡諾的政變，而印
尼共產黨涉入其中。蘇哈托以軍事強人的身分彌平政變，
1967 年蘇卡諾被解職、蘇哈托擔任代理總統之後，旋於
1967 年擔任總統，並斷絕和中共的外交關係。雅加達與北
京在長時間的隔閡下，直至 1990 年 8 月才恢復外交關係，
兩國關係演變，我算略知一二。

　　我認識鄧克禮先生在十多年前，當時他在政治大學社會
科學學院行政管理碩士學程進修並選修我的「國際關係」課
程。他曾有擔任公職外派印尼經驗，因此克禮的印尼文聽說
寫均流利。克禮因為在職進修，相當珍視重回校園的機緣，
特別勤奮努力、積累了紮實的心得，我也深深肯定克禮的學
習精神。

　　多年之後他又以在職生身分，考進本校東亞研究所博
士班就讀，並且請我擔任博士論文指導教授，我和克禮切磋
學問至感愉快。他的博士論文題目是「印尼對中國大陸外交
政策（2006 至 2016）：『互助合作』的視角」，口試後再
經修補潤飾，《神鷹眼裡的巨龍：印尼對中國外交的文化視
角》便成為本書的新名字。當然「巨龍」代表中國、而「神
鷹」即是印尼人的自畫像，兩者代表雙方，至是允當。

　　克禮認為印尼外交存在「互助合作」的精神和傳統，
包括提供回饋、強者扶弱、及利益共享的概念與行為。他的
論述，涵蓋範圍從 1950 年代的中共印尼共同推動不結盟運

動的緊密關係、歷經長達三十年的關係凍結、乃至雙方復交後迄今建立的「全面戰略夥伴關係」，可謂相當完備與全面。

　　印尼已是舉世矚目的成長大國，在國際事務扮演吃重的角色。中國大陸也正在習近平主導下推動一帶一路倡議，積極加強和東協與印尼的關係，緊密的相互依賴網絡也正在建構—印尼就在「二十一世紀海上絲綢之路」的咽喉地位！印尼怎樣看待崛起的中國大陸、以及怎樣處理她和北京的關係，是印尼外交的重心，也想必是眾多讀者所關心。

　　鄧克禮博士兼有國際關係學理訓練和印尼文的語言專長，經他著墨，必是佳作。我極力向讀者們推薦這本書領略「神鷹和巨龍」如何共舞，並樂為之序。

國立政治大學外交系教授　李　明

美國維吉尼亞大學國際關係學博士，曾任國立政治大學外交系副教授、教授、外交系主任、國際事務學院院長等職，現任國立政治大學外交系專任教授。

推薦序（二）

朱立倫

　　印尼是東南亞最大國，也是全球第四大人口國。由於印尼的民族多元，以及擁有絢爛繽紛的傳統文化，引人想要一揭印尼這個國家的神秘面紗。本書的作者就是以其在印尼多年的學習、工作與生活之經驗，並藉嫻熟的印尼語溝通能力，實際地瞭解和體察印尼的國情，以及當地社會的運作特色，才能完成書中有關印尼文化對其政治外交影響的分析。

　　印尼傳統的「互助合作」實具有特殊之意涵，包含了回饋式的相互幫忙、強者扶弱，以及利益共享等等的意義。作者以此做為觀察與分析印尼對中國的外交政策，內容涵蓋了印尼與中國從 1950 年代的關係緊密時期，中間經過 1960 年代後期開始的關係凍結，到了 1990 年印尼與中國的復交，接著該兩國又先後分別於 2005 年簽署「戰略夥伴關係」，以及 2013 年簽署「全面戰略夥伴關係」。

　　本書以印尼傳統信仰之一的「神鷹」做其象徵，旨在強調印尼的文化特色；並以習慣上用「巨龍」來代表中國，闡述印尼與中國的外交關係發展。由於作者的背景與印尼具有深厚的淵源，加上長期對印尼文化與政經情勢的鑽研，在印尼所處的東南亞區域日益受到國際關注之際，本書將可提

供關心此一領域之人士，一個觀察印尼與中國關係發展，甚至印尼所屬國際組織東協與中國關係之視角。

　　儘管國內對東南亞的研究不在少數，但能以作者本身之背景，以及親身累積的豐富經驗，並潛心於國際關係和語言文化之研究者，則甚為少見。因此，本書的獨特性與參考價值，不言而喻。

前中國國民黨主席　朱立倫
美國紐約大學會計學博士，曾任美國紐約市立大學助理教授、國立台灣大學教授、立法委員、桃園縣縣長、行政院副院長、新北市市長等職。

推薦序（三）

夏立言

　　本書作者鄧克禮博士曾在印尼進修印尼語文，並數度因公派駐印尼工作，對印尼之社會、文化、經濟、政治及國際關係都有深入的觀察，可以說是國內少有的印尼專家。克禮在本人任職駐印尼代表期間，對本人推動工作上貢獻極多。克禮平日勤奮向學，利用公餘修習得碩士、博士學位，堪稱難能可貴，殊值表率。如今將渠博士論文「印尼對中國大陸外交政策（2006 至 2016）：『互助合作』的視角」再加補充潤飾出書《神鷹眼裡的巨龍：印尼對中國外交的文化視角》，囑余做序，至感榮幸。

　　近三年多，政府大力推動「新南向政策」，此與本人一貫主張，台商前進東南亞，為經貿大勢所趨，不謀而合，但在南向工作中，對台灣最大之挑戰在於我們對東南亞欠缺正確瞭解，社會上少有東南亞專家，資訊貧乏，常常陷入排華、落後、貧窮、社會動盪不安等過時之看法。而台灣可稱為東南亞專家之學者亦鮮能從印尼社會、文化的角度來解析印尼的政治、經濟及社會問題，更遑論評論印尼之國際關係。克禮兄本書能夠補其不足，對台灣之東南亞研究必有巨大貢獻。

　　印尼不只是東協最大國家，對東協整體對外政策之走向，具相當影響力，在世界上也有舉足輕重的地位。當此美、中競逐世界霸權之際，各國莫不思考如何保持等距，追求最大的國家利益。東協國家對中國崛起，其南海主張、殖民式的天然資源掠奪、一帶一路的政策，都懷有疑慮。但也瞭解十國必須團結一致，才能發揮力量，取得整體最大的安全保障及利益。這和印尼文化中所推崇的「互助合作」，強調回饋、強者扶弱、利益共享的傳統精神，有絕對的關係。

　　相信本書不但是研究印尼和中國大陸關係的學者專家一本重要的參考書，也會是研究印尼文化、瞭解印尼人如何思考的一本入門書，一定會受到各界的歡迎！

夏立言

前行政院大陸委員會主委　夏立言
英國牛津大學法學碩士，曾任駐紐約辦事處處長、駐印度代表、駐印尼代表、我出席 APEC 資深官員、外交部政務次長、國防部軍政副部長等職。

自　序

鄧克禮

　　雖然華人遷移到東南亞或是與當地進行商貿活動的歷史久遠，但是對於這樣一個多元民族的地區，仍然還是無法完全瞭解其風俗民情、生活習慣，以及行事作風等有關文化領域的內涵。尤其是東南亞最大國印尼，該國的民族與文化的多樣性，可以說是東南亞的一個縮影。因此，若能探索印尼文化的一些特色，將能慢慢地揭開印尼的神秘面紗，也會有助於和印尼人打交道。

　　本書的內容，旨在闡釋印尼文化的內蘊如何在其與中國外交關係上，發揮潛移默化之作用。有這樣的發想，主要是因為筆者基於多年來前往印尼學習、生活與工作之經驗，希望將此期間與印尼政府官員、社會人士，以及當地華人的交往心得，就國際外交關係的觀點進行整理，期能提供對這個領域也有興趣的人士做為參考。特別是近年來兩岸均有提出涉及到東南亞區域的對外政策，同時也有較過去更為積極的交流作法；因此，在這個時候撰寫本書，應能讓讀者可以更深入地認識印尼的文化特色，以及印尼文化如何影響對中國的外交政策，使需要前往印尼，或是想要瞭解印尼的朋友們，能夠有一個不同的視角來觀察印尼。

　　印尼近年來政經發展快速，也已成為 G20 的唯一東南亞國家成員，顯示印尼極受到國際的矚目，已是東方和西方許多國家爭相拉攏的區域大國。本書以印尼文化的「互助合作」（gotong royong）精神，做為觀察印尼對中國外交政策的視角；從探討印尼的傳統互助合作文化的意涵，來分析印尼與中國外交關係發展的歷程。此外，書中內容亦論及有關印尼華人的角色，並敘述了華人在印尼的活動概況，以及華人在印尼與中國交往上所發揮的影響力。當然，國際大環境的變化因素，也會是研究印尼與中國關係的一個面向。尤其是在東南亞長期以來即擁有傳統利益的美、日等國，與中國在東南亞似已有相互較量意味；以及東協組織本身的利益與對外態度，也都與印尼對中國外交政策有關。

　　能夠撰寫完成本書，最要感謝的就是指導教授李明博士，在筆者的碩士與博士求學階段，李教授都能無私地傾囊相授，開啟筆者的國際關係研究視野。此外，過去筆者在印尼工作期間，深獲多位長官的提攜，尤其是夏前主委立言擔任駐印尼代表期間，經常的經驗傳授與工作指導；以及朱前主席立倫於參訪印尼後，亦持續提供諸多意見，使本書內容更為豐富。當然也要感謝內人徐曉璐，在撰寫本書的過程中所給予的支持與鼓勵，並且也謝謝孩子峻丞、峻航的協助校稿，謹以此書感謝所有曾經給予幫助的人。

2019/10

第一章　導論

第一節　印尼的「互助合作」視角

不論從人口總數與土地面積來看，印尼在東南亞算是最大的一個國家。儘管表面上，其經濟實力在區域內不若新加坡與馬來西亞，但以印尼所擁有的海上與陸上之天然資源，以及廣大市場的消費力而言，仍使其成為值得關注且具發展潛力的東南亞國家。甚至以全球的角度觀察，印尼也因位居聯絡印度洋與太平洋的麻六甲海峽（Strait of Malacca）南端，這樣一個重要的戰略位置，而難以被國際所忽略。尤其自 2008 年全球金融海嘯發生後迄今，全球各區域的經濟發展出現遲滯現象；相較之下，亞太地區國家的經濟狀況則明顯呈現持續成長，除了中國之外，要算東協國家的經濟情勢最受矚目。當然，其中又以東協的大國印尼，已自 1997 年的亞洲金融風暴後逐漸走出經濟困境，展現出快速發展的趨勢。[1] 特別是印尼在 2000 年起開始進行政治民主化改革，積極建立民主國家的形象，並在區域的東協組織內發揮日益重要之影響力。雖其國內仍存在一些待解決之內政問題，例

---

[1]　1997 年 6 月，亞洲爆發金融危機，起因於泰國宣布放棄固定匯率，實行浮動匯率制，引發了一場擴及東南亞地區的金融風暴。在泰銖波動的影響之下，菲律賓比索、印度尼西亞盾、馬來西亞林吉相繼成為國際炒家攻擊的對象。南韓也於當年 11 月爆發了金融風暴，不得不向國際貨幣基金組織（IMF）爭取援助。1997 年下半年日本多家銀行和證券公司亦相繼破產，在此之後，東南亞地區的金融風暴逐漸演變為亞洲地區的金融危機。參閱 <http://big5.citygf.com/news/zt_news/zt05/011/200903/t20090323_20230.html>（2012 年 09 月 13 日）。

如族群間的摩擦與衝突、恐怖主義分子的活動等；[2]但透過與國際主要大國加強關係，使印尼成為唯一參與 G20 的東協國家，更加凸顯了印尼具發展成為區域大國的潛在能力。

　　印尼對於所謂國際間的彼此相互合作之解釋，參照印尼當地的傳統文化，可以有不同的意涵。若用「互助合作」代表的關係，主要是源於印尼爪哇民族的一種生活信念，早期用於描述同一家族的協同合作，尤其是在進行耕作或從事農務。嗣後才又被擴大引用到同一社區或地方的民眾，彼此之間盡可能在能力範圍內，針對某一活動或是共同的工作目標，採取自願的方式，提供具有互相幫忙概念的合作。這樣形式的互助合作，旨在實現群體共同的理想。[3]至於印尼的互助合作外交最明顯的表現在其參與東協國家組織的運作模式上，只要是東協組織的決策，印尼基於「互助合作」的外交精神，為了要爭取其他東協各國未來在外交領域上對印尼的支持，印尼不會對任何一個東協成員國提出反對的立場。除非是在東協國家之間的爭議，需要再行協商之外，否則印尼對東協的忠誠度，可以從該國的「互助合作」式外交上尋找到發展脈絡。

　　本書內容所探討印尼傳統的「互助合作」（Gotong Royong）[4]之精神，在其政治領域之運作上，對印尼與中國

2　Susilo Bambang Yudhoyono, "Tinjauan Perkembangan Politik: Indonesia dan Persaingan di Pentas Global," *Analisis CSIS* 40:3 (September 2011): 272.（印尼文）

3　Koentjaraningrat, *Kebudayaan, Mentalitas dan Pembangunan* (Jakarta: PT Gramedia Pustaka Utama, 2000), 56-58.（印尼文）

4　Soejono, Richard Z. Leirissa, *Sejarah Nasional Indonesia: Zaman Prasejarah di*

的外交關係具有特殊的關鍵作用。印尼的傳統「互助合作」精神，如何反應在印尼對中國的外交關係發展，應從 1950 年雙方建交開始說起。期間歷經了關係蜜月期，以及長達 30 餘年的外交關係中止時期，最後才在 1990 年又恢復正式外交關係。在這樣起伏式的發展歷程中，印尼的「互助合作」模式外交，似乎也在印尼與中國的外交上發揮作用。儘管在上一世紀國際的局勢多變，世界各國都會依據國家自身的利益，來擬定對外發展關係的政策；但是其中仍會有一部分是受到不同國家自己傳統政治文化的影響，只不過其發揮的影響力大小隨著國際情勢變化而調整。藉由分析印尼的「互助合作」外交內涵，應能掌握未來印尼對中國的外交政策之取向。

　　雖然現在的學者對於國際關係中的區域研究已有諸多著述，但均多從現有的國際關係理論做為主要研究途徑；尤其對於東南亞地區的研究，包括冷戰時期以東西方陣營進行對抗的權力均衡角度，分析有關東協組織運作與發展在維護區域安全的功能。或是在冷戰結束前後，就多邊主義的合作發展，觀察東協區域論壇、東協加一、東協加三，甚至較近期的東協加六等區域整合的發展趨勢。由於東南亞區域的經濟發展持續穩定成長，加上中國的崛起受到國際的重視，因此中國與東協國家之交往關係也逐漸成為研究區域情勢的熱門議題。不過，上述的以東協為核心的區域發展情勢之探討與研究，也都不超出新近的國際關係理論中新現實主義或新

Indonesia (Jakarta: PT Balai Pustaka, 2008), 245.（印尼文）

自由主義的範疇。但因東南亞地區的民族、宗教與文化相當多元，尤其大部分地區雖曾受過西方國家的殖民，但是自第二次世界大戰結束後各國紛紛獨立迄今，東南亞國家在傳統政治文化方面，有關政府的運作模式與對外政策之決策取向，確實不似西方國家的思維，且又與東方傳統的中國、日本及韓國等國家不太相同。[5] 因此，透過瞭解東南亞國家的政治運作特色，可以發掘出對區域整合可能具有影響之關鍵因素；有助於分析東南亞國家在區域整合發展上之立場，以及東南亞國家所欲扮演之角色，做為未來對東南亞整合，甚至更大範圍的東亞區域整合等過程及發展趨勢研究之參考。

在東協整合期程的訂定當中，主要關鍵之一係 2009 年在泰國召開之東協首腦第 14 屆會議，各國的領導人簽署了《東協政治與安全共同體藍圖》（ASEAN Political-Security Community Blueprint）等多項文件後，即確定了 2015 年實現東協共同體發展。[6] 根據上述的藍圖，東協國家在國際舞台上將能發揮更大的整合力量，達成實施「南中國海各方行為準則宣言」（Declaration on the Conduct of Parties in the South China Sea，簡稱 DOC）之共識，成立有關東協海上合作論壇，商討如何維護海上航運的安全。[7] 要達到上述的目

5　哈佛大學教授杭亭頓（Samuel Huntington）在 1993 年發表「文明的衝突」乙文，點出全球政治正沿著文化的界線重組，西方國家試圖維持其優越地位及利益，與非西方社會在價值觀與利益上將發生衝突。參閱杭亭頓（Samuel Huntington），黃裕美譯，文明衝突與世界秩序的重建（台北：聯經出版社，2012 年 2 月）：248-250。

6　Shicun Wu and Keyuan Zou, *Non-Traditional Security Issues and the South China Sea: Shaping a New Framework for Cooperation* (Lendon:Routledge, 2016), 55-56.

7　宋鎮照等合著，中國與東協的新政治經濟──建構主義的觀點（台北：五南圖書，

標，東協國家之間必須要表現出最大的合作誠意，也要採取具有「互助合作」內涵的行動；加上在南海議題上，中國是重要的國家，也是包括東南亞國家在內最大的區域國家，特別是近期有關部分大國在處理區域整合過程上已有超越傳統的區域化概念，並呈現市場經濟導向的多邊主義合作。[8] 本書內容旨在瞭解印尼的「互助合作」政治文化特性在其對中國政策之制定上，以及間接地擴散至東協國家與中國之間的關係發展，其中所產生的各種可能與關聯性。

　　當然，若要瞭解印尼最好是從印尼國內的著作來研究，而有關印尼的歷史精神之論述，印尼學者 Koentjaraningrat 所著的 *Manusia dan Kebudayaan di Indonesia*《印尼的人類與文化》尚屬完整，書中內容以印尼境內的各主要大島與省份做為單位，分別分析每一個民族的文化特色，也包括了在印尼的華人歷史與生活概況，對於瞭解印尼透過當地華人建構出的關係橋樑，亦有深入的描述。此外，也提到了印尼傳統 Gotong Royong（互助合作）的文化，該書稱它是印尼社會的一種正式參與不同類型活動的文化，表現在相互往來的給予幫助與解決困難之行動上。[9] 印尼的這種「互助合作」文化精神已經融入印尼人民的生活之中，當然也會對其政治活動產生一定程度的影響，而且間接地在對外關係上，或多或

2010 年 12 月）：132。

8　Pei-Chih Hao, "Great Powers' Strategy and Regional Integration," *Issues & Studies*, 45:1 (March, 2009), 194.

9　Koentjaraningrat, *Manusia Dan Kebudayaan di Indonesia* (Jakarta: Djambatan, 1997), 58-60. （印尼文）

少的可能出現隱含著「互助合作」精神的政策制定。

　　在與印尼民族大部分相似的馬來西亞也有學者對於 Gotong Royong（互助合作）進行研究，認為可以將該項「互助合作」的文化視為組織內部機制運作的方式之一，政府或組織本身基於「互助合作」之精神，能夠共同團結一致的形成決策，此項政策也應該較能被一般民眾所接受，並且有可能順利去執行。[10] 因此印尼政府喜歡使用「互助合作」之名義做為政府內閣名稱，成為施政精神之代表。除了展現政府的作風之外，亦有對社會進行教育之意涵，因為印尼全國的民眾從日常的生活裡都曉得傳統的 Gotong Royong（互助合作）之意義。因此，由一個能夠發揚傳統文化精神的政府來領導國家，顯示印尼的國家前途光明，民眾將會願意在這樣的政府之領導下為國奉獻。如果印尼大多數民眾均能對所謂的「互助合作」有相同的體會，那麼整個國家與社會必然會展現出其和諧的一面，內部的衝突發生率當然也會減少了。

　　在印尼的傳統文化中，「互助合作」精神著重在人與人之間的互動模式上。依據早期國內學者的研究分析認為，印尼的「互助合作」主要內涵有：第一、想要維持社會的和諧關係，並且能夠有效地控制衝突發生的可能性。第二、用以穩定既存的社會階層，並讓社會上的紛爭減少發生，得以維持社會的秩序。第三、當印尼民族在一致對外時，可以表現

10　Zamri Haji Hassan, *Gotong royong dan manfaatnya sebagai mekanisme kebajikan dan pembangunan komuniti* (Kuala Lumpur: Universiti Malaya, 2004), 11-15. （印尼文）

出一種強烈的彼此互賴感，以及相互扶持的精神。第四、顯示出印尼人民是一個具有高度服從精神的民族，並願意接受團體的規範。第五、印尼民眾喜歡採取較為婉轉的行動，以及願意對外進行充分的溝通。[11]上述內容可以做如下解讀，首先在想要維持社會的和諧關係與控制衝突方面，亦即藉由「互助合作」的精神，讓社會上的每一個分子，或是團體與組織均能相互體諒，更可以方便於維持和諧的社會互動關係。其次有關穩定既存的社會階層與維護社會的秩序，因為傳統上印尼社會的階層明顯，雖已經過政治民主化的改革，但是社會上既存的貧與富，知識分子與工人階級等的概略化階層分野，還是存在於大部分的印尼傳統社會中；因此要能維持社會的秩序與穩定，才有可能讓印尼社會能夠持續的發展。

此外，第三是印尼民族一致對外並表現強烈的互賴感，由於在印尼上述的團結精神受到高度重視，近年來歷屆的印尼政府也常會用團結一詞來代表內閣形象，所以一致的「互助合作」與團結對外，成為印尼社會的基本共識，當然內部之間就會產生比較強烈的互賴關係。第四則是對於印尼人民來說，他們是一個具有服從精神的民族且願意接受團體的規範。其實相較於其他東南亞國家來講，印尼人的服從性算是相當高的，我們可以由來台灣工作的印尼勞工與看護工的認份做事態度中看出。第五方面是印尼民眾喜歡採取婉轉的行

---

11 江炳倫，亞洲政治文化個案研究（台北：五南圖書，1989 年 6 月）：117-121。

動並願意溝通，此由於印尼民族生活在食物充裕的熱帶雨林，不需太過於與大自然拼搏求生，因而天生性情溫和；對外界不太願意採取對抗的態度或是立場，這也就是印尼能夠接受荷蘭人長期的殖民統治，以及積極地奉行協商與溝通的東協模式精神之原因。

在印尼學者的研究中，則以對於印尼各地的 Gotong Royong（互助合作）重要表現為觀察依據，例如描寫印尼蘇門答臘島（印尼名 Sumatra）北部的北蘇門答臘地區，當地民眾在田裡的農作物該收成時，則會號召同一地區的農村居民共同參與農作物的收成勞作；而當再有另一個農戶需要收成的農務人力時，那麼之前有接受過幫忙的農家，以及其他還沒有需要收穫的農民，也會一起參與目前的農作物收成行動，也就是這樣的在農務上的互相幫忙，培養出當地人民的「互助合作」精神，對外也才會展現出群體的互助與合作的行為。[12] 而儘管在峇里島（印尼名 Bali）雖然是一個印度教地區，但是也有「互助合作」的生活展現，特別是在當地的傳統慶典上，一個地區的民眾會共同投入準備活動的各式各樣祭品、餐點，以及安排表演節目等。[13] 這是兩個風俗習慣極為不同的地區卻有共同的行為表現之情形，也顯示出印

---

12 B. A. Simanjuntak, Hasmah Hasyim, A. W. Turnip, Jugat Purba, E. K. Siahaa, *Sistim Gotong Royong Dalam Masyarakat Pedesaan Daerah Sumatera Utara* (Jakarta: Direktorat Jenderal Kebudayaan, 1979), 52-53.（印尼文）

13 Wayan I. Geriya, Ketut Sudhana Astika, Si Luh Swarsi, Rifai Abu, *Sistim gotong royong dalam masyarakat pedesaan daerah Bali* (Jakarta: Departemen Pendidikan dan Kebudayaan, Proyek Inventarisasi dan Dokumentasi Kebudayaan Daerah, 1986), 107.（印尼文）

尼的學者本身也注意到了這樣的特殊文化。

　　此外，在非以農作為主的部分印尼群島地區，例如在著名生產香料的馬露姑群島（印尼名 Kepulauan Maluku），因為其周邊的海域是珍珠貝殼的極佳生長區，在每逢珍珠盛產季節，居民們需要較大量的人力投入採收作業，分別在陸地與沿海地區都需要從事採珠作業的人員；故此時當地的居民通常都會進行集體採收珍珠，不同區域則分別派遣不同作業的採珠者，共同發揮集體「互助合作」的力量，完成季節性的採收珍珠工作。[14] 以上從印尼的幾個主要地區的民眾在「互助合作」上的表現，充分顯示在印尼因為當地的天然環境，以及人們為了謀生而尋找出共同的行為模式。這樣的「互助合作」精神已經成為印尼民眾自然而然的邏輯思維，當然也就會向外擴散其影響力，不論是在經濟生活、政治生活，甚至是對於境外的其他民族的交往上，隱隱約約地展現出這種特殊的對於「互助合作」之實踐。

　　在爪哇地區最具代表性的印尼東爪哇省（印尼名 Jawa Timur），傳統的爪哇印尼人遵循著先輩的生活習慣，他們穿著色彩絢爛的蠟染織布，當地人稱之為 Batik（印尼名）；而在製作這樣的服裝時，需要經過許多繁複的工序，那裡的印尼人就用分工合作的方式，將各種工序分配給不同的人來完成；由於每一個過程都會影響到下一個程序，所以非常

14　J. Mailoa, Rifai Abu, Nelly Tobing, Proyek Inventarisasi dan Dokumentasi Daerah, *Sistim gotong royong dalam masyarakat pedesaan daerah Maluk* (Jakarta: Proyek Inventarisasi dan Dokumentasi Kebudayaan Daerah, Pusat Penelitian Sejarah dan Budaya, Departemen Pendidikan dan Kebudayaan, 1986), 64.（印尼文）

揮一定程度的影響；尤其在對外參與區域整合議題上，不論是對於東協組織所謂的「東協模式」（ASEAN Way），[20] 或是在「東協整合」，[21] 甚至在「東協加一」、「東協加三」、「東協加六」；[22] 以及在東亞共同體等合作進程中，因為需要參與的各個國家，對於每個組織必須要有付出的準備，並且在許多的相關自己國家利益的議題上，需要遵守與他國合作的規範，才能夠協調出彼此和諧的關係，也因此都具有印尼政治特色的「互助合作」影子。

　　在印尼所表現出具有「互助合作」意涵的政治文化，如果是影響其政府對外政策的重要決策因素之一，則應有助於促進印尼的對外交往，以及與區域國家或組織建立起良好的合作關係；也就是說會對東協整合具有正面的作用，而且有可能會擴大到「東協加一」、「東協加三」、「東協加六」，以及東亞共同體等區域組織的合作進程上。尤其是印尼對區域強國中國的外交關係，也將不僅是受到國際情勢與國家利益考量的結構現實主義之影響，而可能會是基於新自由主義

20　東協於 1967 年成立之初僅泰、馬、菲、新、印等 5 個成員國，之後汶萊、越南、柬埔寨、寮國及緬甸等國亦陸續加入；東協經長期的運作逐漸形成所謂「東協模式」（協商共識 /ASEAN Way）的互助合作模式，強調以外交手段並透過對話來達成協調一致和平解決爭端。參閱白雪峰，冷戰後美國對東南亞的外交：霸權秩序的建構（廈門：廈門大學出版社，2011 年 5 月）：210。

21　東協的整合係指 2003 年東協簽訂「第二次峇里島協議」後，2005 年東協舉行國防部長會議時，訂定 2015 年達成以政治、經濟、社會文化等三大支柱的「東協安全共同體」目標。參閱宋鎮照等合著，中國與東協的新政治經濟－建構主義的觀點（台北：五南圖書，2010 年 12 月）：132。

22　東協加一指東協與中國的整合；東協加三包括中國、南韓與日本；東協加六除東協加三之外，再加上印度、澳洲與紐西蘭三國。參閱台灣東南亞國家協會研究中心網，<http://www.aseancenter.org.tw/ASEAN6.aspx>（2014 年 12 月 23 日）

為基礎，對外發揮「互助合作」的精神，並逐漸加強與鞏固，
呈現出帶有建構主義概念的發展過程。這樣的情形也使得印
尼與中國的雙邊關係，有機會朝向以「互助合作」為基礎的
方向上積極地發展。

　　如果「互助合作」的外交是印尼對中國交往之考量關鍵
因素之一，則當印尼與中國關係交好的時期，雙方應該有明
顯展現出「互助合作」的政策與作法，包括兩國共同簽訂合
作協議或相關備忘錄時，出現承諾提供對方援助，以及增進
彼此互利的條文內容。另一方面，如果印尼重視「互助合作」
外交模式，那麼當印尼與中國提升雙方關係時，依據印尼傳
統的「互助合作」有互惠與具回饋式的互相幫忙之意涵，則
印尼會希望中國能提供較優惠的合作條件，尤其是印尼在與
中國建立戰略夥伴關係後，可使印尼獲得相對於給予中國好
處更大的利益。在印尼與中國關係發展的大部分時間裡，可
以發現「互助合作」外交是印尼政治外交的重要特色之一，
尤其是包含印尼在內的東協組織之對外交往與運作，也因為
印尼的影響而會帶有「互助合作」的色彩，此或許將會有利
於中國參與東協整合的合作機制；以及中國提出對東南亞國
家的共同發展戰略，也會因「互助合作」的外交原則而有提
升，甚或是成功之機會。

第三節　觀察印尼與中國外交

從國際關係的發展脈絡來看，自西伐利亞條約
（Westphalia Treaty）的國際安排開始，歐洲出現了眾多的
民族國家，權力平衡成為無政府狀態的國際社會中，各國依
賴國家的權力做為處理國際衝突與維持局勢穩定的重要手
段，尤其是展現國家自身的軍事力量。[23] 此後才有學者開始
了主要關於現實主義與理想主義的論戰，雖然可能因為當時
的國際情勢影響，不同的論述在不同時期各領風騷。但不可
否認的是，不論以何種觀點來審視國際關係的發展脈絡，皆
無法以單一角度進行完整的詮釋，也無法瞭解引發錯綜複雜
的國際事件之真正原因。最後為了盡可能地去拼湊出國際現
勢之圖像，而必須要兼論不同觀點的精華，做為論述國際現
象與研究參考之依據。

而隨著全球化發展之趨勢，國際關係不再僅止於專指
國家間的交往關係，而已迅速擴張至國家單位之外，包括國
際組織、政府組織、非政府組織、跨國組織或私人公司等相
互之間，或是與其他國家之間的各種頻繁交往關係；甚至是
個人與上述組織或是國家間，亦有足以產生影響國際局勢發
展的互動。因此，如要瞭解國際現勢或是對未來局勢進行預
判，不僅需要依賴國際關係理論之研究，並以此為途徑，進
一步對新的研究國際關係的相關論述加以探討，才會有助於
盡可能正確地詮釋這個持續變遷的國際現象。

23　Alexander Wendt, *Social Theory of International Politics* (London: Cambridge University Press, October 1999), 290-295.

　　面對這樣的情況，著名的國際關係學者史蒂芬‧瓦特
（Stephen M. Walt）分析認為國際局勢的發展存在了不同的
詮釋方法，例如將中國的崛起視為可能會加深其對全球的潛
在影響力；同樣的，對於北約的東擴，也有學者會提出幾種
觀點，包括第一、現實主義者認為北約東擴目的在擴張西方
的影響力，終將引起莫斯科方面的反彈；第二、自由主義者
則認為，北約的東擴，可將衝突管理機制延伸至可能發生問
題的潛勢區域，也就是中歐地區的新興民主國家；第三種看
法則是著重於強化合作的價值，包括將捷克、匈牙利、波蘭
等國納入西方的安全體系。總之，沒有一個單一的分析途徑
可以完全描述現代的國際政治。[24] 前述的三種角度雖然不能
完全涵蓋國際現況，不過，卻也點出國際情勢發展的幾種可
能性，尤其是強調合作的價值，差別只是在於發生機率的高
低不同。

　　其實史蒂芬‧瓦特論述國際關係理論發展之主要內容，
目的在於指出冷戰結束後的國際局勢已有了重大的改變，由
於族群紛爭、環境保護等議題的逐漸受到關注，使得現實主
義的追求權力極大化之主張面臨挑戰；以現實主義為出發點
的政策，其獲利將不如最初所付出的代價，軍事擴張利益也
會更趨縮小。而帶有自由主義色彩的民主和平論，也因為各
國間在全球化影響下增加了衝突的機會，國際上關注的焦點
也將從軍事安全轉向了經濟層面，外部環境對於國家及社會

24　Stephen M. Walt, "International Relations: One World, Many Theories," *Foreign Policy*, 110（Spring 1998）: 30.

產生形塑的影響力，也可能會表現在國際規範與外交政策領域。因此，史蒂芬・瓦特強調了建構主義（Constructivism）對於國際局勢發展的解釋能力，認為建構主義不同於現實主義與自由主義的有重視物質因素之傾向，其中包括權力或貿易關係；基此，建構主義者的研究途徑主要在於闡述理念的影響。[25]

然而，建構主義的濫觴緣起於社會學家溫特（Alexander Wendt），從重視人類社會的生活經驗，來分析國際社會現象。認為除了現實主義與理想主義兩大主要國際關係理論的解釋之外，國際社會的形塑與運作，實際上包含了許多人類生活經驗的累積；例如文化、風俗習慣，以及不同的民族或是國家之間的相互交往關係等等，皆成為影響國際關係的重要因素。[26] 由於建構主義的出現，使得對於國際關係現況的闡述，有了不同於傳統的視角，不僅僅是從爭取權力的觀點來觀察國際關係的現況，也開始關注到國際社會的其他軟性因素，例如民族文化與社會制度等。就像溫特在討論到國家的權力與利益的問題時，也會同時去考量如何以人類的理念來做為平衡的觀點，希望能更為周延的分析國際現勢。[27]

主流的建構主義最具代表性者具有兩種特徵：第一是客觀的事實只能藉社會行動者的活動實踐才會被賦予意義；第二則是社會的實際現象是可以被建構出來的。前述兩項特

25　Ibid, 35-40.

26　Alexander Wendt, *Social Theory of International Politics* (London: Cambridge University Press, october, 1999), 184-189.

27　Ibid, 96-98.

徵，所謂的行動者包括國家、行政部門、各種組織，甚至到個人層次，在透過行動者之間的相互活動，使得彼此逐漸產生了認同感。另外也強調在社會的實務層面，即我們現在可以看到的社會樣態，不同於現實主義或自由主義，而認為社會的現實面不一定是必然之現象，而須透過行動者之間的互動來引導其發生；也就是說，社會的現實情況會透過參與的行動者之間，彼此不同的互動而出現了不同的樣貌。[28]

建構主義者不僅是在追求生存而已，並且也重視國家的利益與定位，尤其是對歷史過程的產物之形塑，以及非常關注社會上的一般信念，認為這樣的社會規範具有建構之功能，尤其重視引起改變的原因。這種研究途徑已成為處理國際事務中重要的理性觀點之一。相對的，現實主義與自由主義的論述，在冷戰結束後，已難以對新的國際局勢進行預判。就像前蘇聯總書記戈巴契夫（Mikhail Gorbachev）以共同安全的理念改變其對外政策，使舊有的規範受到了挑戰，這說明了建構主義對國際情勢發展的詮釋能力。[29]因此，除了國際上原既有的現實主義與自由主義等觀點外，建構主義也慢慢地擁有了一定的地位。

對於建構主義的觀點，學者傑克‧史尼德（Jack Snyder）亦曾於2004年提出類似的看法，認為現實主義著重在國家間的權力移轉與分布；自由主義則強調民主國家的

28　Tajfel. H., *Human Groups and Social Caetgories: Studies in Social Psychology* (London: Cambridge University Press, 1981), 255

29　Walt, " International Relation: One World, Many Theories," 41.

增加，和民主政治受到普世的歡迎；而理想主義者指出了主權、人權、國際公義，以及宗教等領域在政治中的典範。此外，現實主義的核心為關注權力的角色，但也對國家過度追求權力會帶來苦難提出警告；自由主義則主張成熟民主的合作潛力，尤其是透過有效能的制度，但同時也注意到激進民主所造成的混亂；而理想主義則是倡導價值的一致性，並支持政治的穩定，然而也認知由此形成的輿論通常潛存意識形態的鬥爭。[30] 以上的看法，充分說明了主流的國際關係理論觀點都有其不足之處，非常需要運用各種其他不同的理論觀點來補充，才能較為完整地解釋目前的國際情勢發展。

鑑於現行的國際關係理論在說明國際政治的現況上，經常難以回答瞬息萬變之局勢。因此，若能透過建構主義的觀點，將印尼與中國間的雙邊關係發展，從起初的相互尊重各自的主權獨立，經過印尼採取反共立場讓雙方關係開始疏遠，甚至凍結；之後因為國際局勢的轉變，以及基於貿易交流之需要，才重啟全面的正式外交關係，應符合社會建構主義的看法。亦即認為國家的行為不只是受到國際體系結構的影響，反而是從各自國家的角度來看待國際情勢的發展趨勢，以決定需要採取的外交政策，可以做為分析國際關係變化的重要工具與認知途徑。[31] 由於東南亞的區域安全觀，是被國際社會所建構出來的，並非傳統上即已存在。過去是基於冷戰時期的國際情勢之需要，驅動了此一區域的整體化架

30　Jack Snyder, "One World, Rival Theories," *Foreign Policy*, November/December 2004, 54-55.

31　Andrew Heywood, *Global Politics* (London: Palgrave Macmillan, 2014), 73.

構。然而，當全球化的浪潮持續地衝擊著區域化概念，像東南亞因區域安全需要所建立的東協區域組織，也才會不斷的演變，而逐漸擴大到現在涵蓋了經濟、社會、環境與天然資源等更廣泛的議題。

由於印尼幅員遼闊，人口與民族種類繁多，以及多元宗教信仰，過去和中國的往來歷史悠久，並累積豐厚之文化遺產，其中政治文化亦具特色。為突破目前台灣對東南亞研究因限於語文的障礙，以及改變文本主義的研究方式；[32] 本書輔以作者本身具有的印尼文專長，可以深入瞭解印尼的「互助合作」政治之運作模式、「互助合作」文化在當地生成之原因、「互助合作」信念之內涵，以及印尼政府之實踐情形，例如爪哇族（佔印尼人口 40% 以上），即是瞭解印尼傳統「互助合作」文化對該國政治影響之重要研究對象。[33]

眾所周知，印尼自 2000 年民主化後，其政府的執政黨更迭頻繁，不同的政黨其背後所代表的族群或宗教團體各不相同，均具一定程度之差異性，例如有傳統的民族主義政黨，主要是代表印尼原住民族的政治利益，另外還有以實踐回教教義為訴求的回教屬性政黨。[34] 要瞭解印尼政治的真實

---

32 邱炫元，「東南亞研究的三種亞洲視點：在地論、跨國論與亞洲作為方法」，楊昊、陳琮淵主編，台灣東南亞研究新論──圖像與路向（台北：洪葉文化，2013 年 10 月）：44。

33 據印尼中央統計局資料統計至 2010 年該國總人口數為 2 億 3 千餘萬人，參閱 <http://www.bps.go.id/tab_sub/view.php?tabel=1&id_subyek=12>（2015 年 01 月 11 日）；另根據設於印尼前殖民母國荷蘭的印尼投資通訊統計資料顯示，目前印尼約 2 億 5 千萬人口中，爪哇人約佔 41%，參閱 <http://www.indonesia-investments.com/id/budaya/demografi/item67>（2015 年 01 月 11 日）。

34 Harold A. Crouch, *Political Reform in Indonesia After Soeharto* (Singapore:

運作，需要近距離的接觸與觀察。尤其東協秘書處設在印尼首府雅加達，能提供東協國家的立即動態；加上各類的知名智庫林立，包括印尼國際戰略研究中心（Centre for Strategic and International Studies Indonesia，簡稱 CSIS Indonesia）、哈比比中心（The Habibie Center），以及印尼大學政研中心（CSG University of Indonesia）等，對當地及區域的政經情勢發展極為關注，成為國際學者研究當地政經情勢與區域發展之重要資料來源。

　　對於印尼與中國關係發展之闡述有許多的文章，尤其是兩岸的學者多有評論，包括台灣著名的東南亞學者陳鴻瑜教授，近年來也將其長期對印尼的研究匯集成書，內容主要敘述從印尼早期的歷史樣貌，及其重要活動事件，也有對印尼多元民族的記述，尤其是在印尼領域內曾經出現過的馬打蘭（印尼文 Mataram）等王國之事蹟，以及印尼被荷蘭殖民與第二次世界大戰之後爭取獨立建國的過程。[35]另國內學者李美賢教授亦著有《印尼史》乙書，特別有提到中國與印尼早期的關係，包括印尼懷疑中國共產黨牽涉「930 事件」，而開始凍結對中國的外交關係，成為印尼與中國關係重大改變的一個關鍵時刻，同時也影響到印尼拖延至 1990 年才與中國恢復正式官方關係。[36]以上著述已成為國內研究印尼發展，以及印尼政府對於周邊國家關係，甚至是對東南亞的情

Institute of Southeast Asian Studies, 2010), 46-52.
35　陳鴻瑜，印度尼西亞史（台北：國立編譯館，2008 年 5 月）：11-30。
36　李美賢，印尼史（台北：三民書局，2005 年）：194-196。

勢分析，或是印尼與國際大國包括中國在內之交往關係的重
要參考。

　　當然中國的官方對其與印尼關係發展，也有一定的記載
與評析，依據中國外交部的資料顯示，1965 年因為印尼發
生「930 事件」之波及，使得中國與印尼自 1967 年開始中
斷關係，一直到 1990 年中國才與印尼互動並恢復正式官方
關係。基本上政治關係仍是中國最為關注的，尤其是 2005
年印尼與中國建立了戰略夥伴關係，以及 2013 年印尼與中
國提升全面戰略夥伴關係。不過，經貿關係還是因為全球化
與區域經濟發展的因素而凸顯其重要性。中國現已是印尼的
第一大貿易夥伴，2016 年的雙邊貿易額也達到 535 億美元；
其他領域的合作，包括文化交流、司法合作、民航業務合作、
海事技術合作等等。並且在 1990 年印尼與中國恢復雙邊正
式外交關係後迄今，該兩國先後簽署了中華人民共和國政府
和印度尼西亞共和國政府關於恢復兩國外交關係的公報、中
華人民共和國和印度尼西亞共和國關於未來雙邊合作方向的
聯合聲明、中華人民共和國與印度尼西亞共和國政府關於建
立戰略夥伴關係的聯合宣言，以及中華人民共和國和印度尼
西亞共和國全面戰略夥伴關係未來規劃等多項加強中國與印
尼雙邊關係的協議（詳如附表 1）。[37]由中國外交部的資料
觀之，從中國的角度言，其對於印尼的雙邊關係發展，是一
個逐漸向上日趨緊密的發展趨勢。

37　參閱中國外交部網站有關中國同印度尼西亞的關係敘述，<http://www.fmprc.
　　gov.cn/web/gjhdq_676201/gj_676203/yz_676205/1206_677244/sbgx_677248/>
　　（2017 年 12 月 31 日）。

表 1　中國與印尼恢復外交關係後簽署的合作文件

日　期	雙邊合作文件
1990.07	中華人民共和國政府和印度尼西亞共和國政府關於恢復兩國外交關係的公報
2000.05	中華人民共和國和印度尼西亞共和國關於未來雙邊合作方向的聯合聲明
2005.04	中華人民共和國與印度尼西亞共和國政府關於建立戰略夥伴關係的聯合宣言
2005.07	中華人民共和國與印度尼西亞共和國聯合聲明
2010.01	中華人民共和國政府和印度尼西亞共和國政府關於落實戰略夥伴關係聯合宣言的行動計畫
2012.03	中華人民共和國和印度尼西亞共和國聯合聲明
2013.10	中華人民共和國和印度尼西亞共和國全面戰略夥伴關係未來規劃
2015.03	中華人民共和國和印度尼西亞共和國關於加強全面戰略夥伴關係的聯合聲明
2015.04	中華人民共和國與印度尼西亞共和國聯合新聞公報

資料來源：中國外交部網站，<http://www.fmprc.gov.cn/web/gjhdq_676201/
　　　　　gj_676203/yz_676205/1206_677244/sbgx_677248/>。

　　印尼華人在印尼的活動對於當地的影響，通常較大部分是在經濟層面，但是對於政治領域，尤其是在印尼與中國的關係發展上，印尼華人發揮了特殊的橋樑作用。在較新的

印尼華人研究中，偏向於東南亞華人的在地化研究，特別是
對印尼華人如何認同印尼為祖國，或是華人要如何爭取到印
尼當地原住民族的接納，實實在在地成為印尼民族的一分
子。[38] 儘管時過境遷，印尼當地的原住民族還是未能完全接
納印尼的華人。其實，現在還留在印尼的大多數華人，也已
漸漸地能夠接受自己是印尼人的身分。從中國的角度來認
知，這些印尼華人仍是中國進入印尼的方便渠道，因為在這
些華人裡還是有許多人認為中國是其先祖的起源國家，多少
在他們的生活周圍裡仍看得到有關中國的影子，使他們成為
歷史上總會影響印尼與中國關係發展的因素之一。

　　提到印尼與中國關係發展的歷史，不得不也要觀察一下
中國與美國在東南亞地區的競爭關係。國內對於中國與美國
兩個大國在世界上主要地區的權力消長關係也有學者關注，
有人認為亞太地區已逐漸成為世界發展的重心之一，尤其是
東南亞地區的經濟成長近年來非常亮眼，中國對此一區域的
投資，以及發展雙邊甚至多邊關係亦不遺餘力。就目前中國
與美國在東南亞地區的競爭來看，中國已經較美國更能獲取
東南亞國家的好感。[39] 也就是說中國與東南亞國家的關係似
乎是較美國與東南亞國家關係為佳，當然也就說明了中國與
印尼的關係提升之原因，除了雙邊經貿或政治關係發展之需
要外，國際與區域情勢的變化，亦是另外一個重要的因素，
且未來印尼與中國的關係將會是持續向正面的方向發展。

38　雲昌耀，當代印尼華人的認同：文化、政略與媒體（台北：群學，2012年5月）：
　　177-182。
39　陳一新，國際新形勢與美中台關係（台北：遠景基金會，2004年）：158。

第四節　印尼也是東南亞之窗

　　近期國內的學者也有對東南亞的發展做綜合性的研究，並分析中國與東南亞國家關係發展的過程，認為從第二次世界大戰結束後，東南亞國家紛紛自原殖民母國的統治下爭取獨立；此一階段的中國北京政府對東南亞國家是以現實主義觀點來發展雙邊關係，當時的中國共產黨積極地將共產主義革命向外輸出，與西方國家為主的民主國家在東南亞區域進行競爭與抗衡。反觀東南亞國家則除了基於現實主義的理念與中國周旋之外，彼此間也有參照理想主義，以及受建構主義之影響，願意相互結合在一起；此體現在基於安全為主要考量成立的東協組織，嗣後又轉向為包含了政治、經濟、社會與文化等多重功能的區域性組織。因此，印尼與中國的關係發展，也因為中國與東南亞國家關係的變動，而有從現實主義的相互承認爭取鞏固國家的實力，轉向於為了東南亞區域的安全而帶有理想主義色彩的東協組織。最近則較多的表現出具有建構主義形象，逐漸地受到文化、民族、宗教等領域的影響，讓東協的整合能夠逐漸成形。[40]

　　上述的觀點，道出了長期以來學術界研究東南亞地區的發展一直存有不同的看法；另從該區域本身對當地的認知而言，由於著力於新興國家的建立，因此較為傾向於採取現實主義的應用。因為只有藉著國際上的權力競逐，東南亞國家的自身政權發展，才容易在一個國際冷戰的格局下，藉由

40　林若雩，東協共同體的建構與成立：「4C 安全文化」之理論與實踐（台北：三民書局，2016 年）：18-31。

東西方陣營的對抗，讓屬於不同政體的東南亞國家在受到不同的國際大國或集團的支持下，很容易地滿足建國初期建設的需求，使得之後可以快速地發展。但是當冷戰接近尾聲，東南亞國家整體在安全、政治、經濟、社會等各個領域，也都需要以東南亞國家為中心的集體力量來爭取最大的利益。因此，以凝聚東南亞國家為主要目的的東協組織才積極地發展，而且為達到東協的整合，建構主義也在其中發揮作用，使東南亞可以在現實主義與建構主義的搭配下，繼續的發展對外關係並強化其整體性。

其實對於現在所稱呼的東南亞區域這個名詞的認同，應係源自於第二次世界大戰之後的區域主義興起與區域合作發展之需要，以及基於東南亞區域國家為了對抗外來勢力對區域內國家的干預；甚至於在考量到東南亞各國間的地緣因素，以及各種不同的族群與文化，經過社群的自我群體建構，才會逐漸凝聚起對東南亞的區域特色之認同。在這個以社會建構為途徑所建立起的各式各樣的民族國家中，也是需要靠著當地民族的認同與自覺，才能促進各民族之間的互賴程度與之後相關制度的建立。[41] 因此，再加上共同安全的需要下，慢慢地在 1967 年出現了具有區域代表性的東南亞國家協會（Association of Southeast Asian Nations，簡稱 ASEAN），嗣後更因為經濟發展成為國際的主流趨勢，這個具有區域特色的東協組織功能才逐漸擴大至經貿、社會及

41　Amitav Acharya, *The Making of Southeast Asia: International Relations of a Region* (New York: Cornell University Press, February 2013), 21-27.

文化等領域，使其更成為全球關注的重要區域組織代表，未來更是會繼續強化其整體性。

對於印尼與中國關係發展之研究，在印尼除了學術界的研究之外，印尼政府當然也會投注相當的資源進行鑽研，並希望將其分析成果做為印尼政府制訂對中國外交政策之參考。例如印尼的國家研究院（印尼文 Lembaga Ilmu Pengetahuan Indonesia，簡稱 LIPI）就是一個研究中國非常重要的官方機構，該研究院亦定期地對印尼與中國關係做一個較為完整之報告，在較近的一期 2013 年所出版的研究報告，其內容主要針對印尼與中國之間的政治、經濟，以及國防等被印尼政府視為與中國關係之重點研究領域，做完整且全面性的情勢分析。[42] 上述印尼政府對其與中國關係之研究報告內容將會是關心印尼與中國關係，甚至是關注東南亞區域情勢研究者的重要參考，至少因為印尼的國家研究院被外界列為印尼國內主要智庫，故其分析內容指出印尼與中國關係之重點應值參考。

由於東南亞是文化多元的區域，民族與宗教種類繁多，例如印尼即是世界上回教人口數最多的國家，另外在中南半島上的佛教也非常盛行，尤其泰國與緬甸。這種多元的條件對該區域的國家無論在政治發展，以及經濟結構的形塑上均影響甚巨，特別是當地社會內部與其他地方一樣雖然也有一

42　Lidya Christin Sinaga, *Hubungan Indonesia-Cina dalam dinamika politik, pertahanan-keamanan, dan ekonomi di Asia Tenggara* (Jakarta: LIPI Press, 2013), 3-10.（印尼文）

般性的政、經領域的競爭；但因東南亞的特殊協調合作模式，使得區域內的整合能夠朝向正面的方向發展，且已引起國際學者對此區域研究之高度興趣。同時，所謂源於亞洲的在地觀點研究也開始受到學界的重視，若採用接近當地歷史與文化，以及進一步參與其中的方式，應更能夠較為近距離的對研究對象進行深入探討。[43] 在多元的東南亞地區採取在地的研究，更能分析不同文化與民族間之微細差異，以及掌握各國之間的大同之處，瞭解推動東南亞走向整合的真正因素。尤其以在地化的研究觀點對於促進印尼與中國關係發展原因之探討，有助於掌握其中的關鍵因素，並容易理解未來該兩國的關係走向。筆者即是使用印尼語言長期觀察當地社會脈動，同時透由對印尼的認識，更進一步地探索東南亞，讓印尼發揮東南亞之窗的角色。

第五節　本書章節構成及研究方法

本書除第一章導論之外，第二章為印尼式的「互助合作」意涵之闡釋，包括探討印尼傳統的「互助合作」文化，及其具有的特殊意義，並闡述印尼外交在「互助合作」上的表現。內容就印尼對「互助合作」的詮釋，做為本書的參考指標，希望以此來觀察印尼的外交政策，以及分析印尼政府的外交行為。另外也說明「互助合作」雖然是人與人或團體與團體，甚至國家之間交往的一個簡單的邏輯，但因印尼是

43　楊昊，「東南亞區域研究的技藝：方法解放論的省思」，楊昊、陳琮淵主編，台灣東南亞研究新論──圖像與路向（台北：洪葉文化，2013 年 10 月）：47-63。

雨林與島嶼散布的環境，使印尼的社會對「互助合作」給予
特別的定義。並且經過悠久的歷史演進，這個「互助合作」
的概念已深植在印尼民族的內心，尤其特別關注在有回饋與
強者濟弱的作法上，甚至已經對印尼的外交作為，產生了潛
移默化的影響。

第三章為印尼對中國外交關係發展的歷史回顧，內容主
要以印尼與中國外交發展的不同階段做為區分，包括 1950
至 1967 年期間，印尼與中國關係發展初期之緊密外交往
來。其次為 1968 至 1987 年印尼與中國外交關係雖處於凍
結階段，但仍持續有進行轉口貿易，嗣因中國採行改革開放
政策，使得印尼開始恢復與中國的交往。最後，由於中國自
1978 年起，大力推行的改革開放，印尼與中國的關係快速
增溫，嗣於 1990 年雙方恢復正式外交關係；並且由於冷戰
的結束，國際情勢的轉變，東協國家與中國也在這一時期開
始密切交往，促使了印尼與中國於 2005 年起朝向建立戰略
夥伴關係的發展。針對印尼與中國關係發展的回顧，可以從
中歸納出有關「互助合作」的軌跡，並有利於探索印尼的「互
助合作」外交運作模式。

第四章為印尼考量與中國關係發展之因素，由於冷戰
的結束，中國的國際共產主義形象也就漸漸的淡化，因此印
尼願意與中國持續加強關係，並更進一步地與中國建立互信
並提升關係。而印尼也希望藉著進入大陸市場以獲取較大經
貿利益；相對地，中國則可爭取印尼發揮其對東南亞的影響

力。本章即在討論後冷戰時期印尼與中國關係提升的情形，尤其是如何讓該兩國能夠發展出全面夥伴關係的有關因素。然而印尼在「中國崛起」的壓力下，考量與中國深化關係應有其重要的推力，依據本研究的發掘，印尼基於「互助合作」的外交政策，應是促進其與中國建立全面戰略夥伴關係的重要因素之一。當然，中國長期以來的睦鄰外交，以及近期外交活動的共同發展原則，也是提供印尼與中國可以建立夥伴關係的有利外在環境因素。

第五章為印尼視中國參與區域整合為「互助合作」，本章主在探討當印尼採取「互助合作」的外交立場時，將會影響到其他東協國家的對外政策，若也願意配合以「互助合作」做為外交的出發點，那麼是否也會讓中國能夠參與東協的整合，勢將有利於加速東協區域國家引進中國及其市場的整合。因此，印尼的「互助合作」成為中國參與東協區域事務的有利因素。其實，中國向外發展友好關係已是外交工作重點，而印尼自建國以來，即採取了「互助合作」的外交模式與中國發展關係，經過多年的實施，在國際環境快速變化下，印尼的「互助合作」外交發揮了一定的成效與相關影響。本章就印尼與中國關係顯著的提升，以及中國積極並且有效的參與東協整合進程等，闡述印尼的「互助合作」外交在此領域所發揮的關鍵性作用。

第六章為印尼以「互助合作」面對中國之機會與挑戰，若僅從印尼的立場觀之，本文所關注的「互助合作」外交之

實行，對於印尼雖然是理所當然的，但究竟對印尼國家本
身，除了符合國家發展的利益之外，在對外提升印尼的國際
地位也有些許的正面功能，包括提升國家形象、爭取國際友
誼，以及強化了印尼與中國的關係發展。不過，印尼對中國
的「互助合作」外交也考驗著印尼對外之平衡政策，以及東
協國家的立場對印尼與中國發展關係之影響，這也就是印尼
「互助合作」外交必須面對的挑戰。以上成為本章的主要內
容，也會是本書的分析與建議。

　　第七章結論，總結互助外交的政治文化在印尼甚至在
東南亞區域受到重視之原因，以驗證東協國家不會依賴某一
特定強國和集團勢力來維護與爭取自身國家的利益，而會採
取相對獨立的外交政策與立場，並藉由在大國和國際集團勢
力之間的周旋與博奕，來實現區域力量平衡的「互助合作」
戰略。[44] 此外，東協成員國互動的行為指導原則：

第一、經由共識完成決策程序。

第二、如無法獲得妥協則將議題暫時擱置。

第三、各會員國應有準備將自己國家的利益置於東協整體利
　　　益之後。[45]

44　白雪峰，冷戰後美國對東南亞的外交：霸權秩序的建構（廈門：廈門大學出
　　版社，2011 年 5 月）：209。

45　Alan Collins, *The Security Dilemmas of Southeast ASEAN* (Great Britain:
　　Macmillan Press LTD, 2000). 國防部史政編譯局譯，東南亞的安全困境（台北：
　　國防部史政編譯局，2004 年）：199。

　　因此，東協國家尤其印尼的「互助合作」政治運作模式，應有助於印尼參與區域或國際性組織的運作，以及增進其與中國的外交關係發展。[46]尤其近年來，所謂的安全議題也已由傳統的政治與軍事安全，演變為包括經濟、社會與環境安全的綜合型安全，更需要區域國家間的互助與合作，才能夠共同處理與化解彼此的歧異。[47]印尼的「互助合作」外交也將有助於其與中國關係的加強，特別是在應付區域的共同性問題。不過，也必須要注意到印尼與中國發展關係可能面臨的挑戰，包括區域外大國的介入，以及東協國家內部整合可能出現的問題，也都會對印尼與中國關係產生影響。

46　Rizal Sukma, *Indonesia and China: The Politics of a Troubled Relationship* (London: Routledge, September, 2003), 210-215.

47　鄭先武，安全、合作與共同體（南京：南京大學出版社，2009 年）：226-240。

第二章　印尼式的「互助合作」意涵

　　印尼的政治運作中帶有所謂的「互助合作」（Gotong Royong）模式，此與西方的政治模式應存有其特殊性，一位西方的社會人類學家 E. E. Evans Pritchard 曾在著作中闡述，印尼的民族及其社會結構與政治制度，相較於西方民族所建立的社會與政治制度，存在著鮮明的特色，對於民族的研究來說，非常具有探討之價值。[48] 尤其是在印尼早已被當地民眾奉行的「互助合作」精神，若進一步推演到印尼的政治領域，有可能促使印尼政府在制訂其對外政策時，受到印尼「互助合作」傳統精神之影響。因此，對於這樣的「互助合作」傳統之原意，值得加以探究。

第一節　印尼傳統的「互助合作」文化

　　本書所稱印尼的「互助合作」乙辭，在印尼文（與馬來文同）來說，指的就是 Gotong Royong 這個詞彙，該詞原來在當地社會所認識的意義，是指村民之間的相互幫忙與一起合作的共同行動，並且是為了共同要達成一項既定的任務或目標。這個 Gotong Royong（互助合作）在印尼是一個傳統文化，也可以算是一種落實於民間的生活習慣，每一位印尼當地的民眾應該都已經能夠從日常的生活裡去體會它的意義。久而久之，對於 Gotong Royong（互助合作）的意涵都

48　E. E. Evans Pritchard, *Social Anthropology* (London: Routledge Taylor & Francis Group, 1965), 13.

已有了深切的瞭解，而且也經常被引用到各式各樣的社會活動當中。[49] 當然在政治領域裡，也會看到印尼「互助合作」的體現，尤其是在國內表現於政府施政的協調與和諧，以及政府對外行為展現出國際合作的高度意願。

一、「互助合作」有團結一致與避免衝突之意

在印尼的境內，由於大小島嶼星羅棋布，各個地方的物產也差異甚大，但是若在同一個島嶼上，因同質性而產生競爭的可能性也非常高；為了要達成相互間的協調，所以非常需要各個地方的互助與合作，彼此間才能夠表現出一種互通有無，以及相互幫忙與合作的精神。其中「互助合作」的精神可以延續到今日的原因，則是因為至今印尼全境受限於長距離交通的影響，每一個地方的態度與立場，仍然需要得到一定程度的協調與妥協，此時「互助合作」的精神就能成為維持各方和諧的基礎。而印尼傳統的「互助合作」之真正意涵，應可從印尼多數地區仍然奉行的 Gotong Royong（互助合作）現況進行瞭解。例如在蘇門答臘島（Sumatra／印尼文）地區，當地的民眾在農作物該收成時，會召集同一地區居民共同參與農作收成；再當有另一家也需要收成時，其他農家民眾將會共同參與農作物收成，這樣就逐漸養成了「互助合作」的精神。[50]

49　Yusuf, Toet, *Indonesia Punya Cerita: Kebudayaan dan Kebiasaan Unik di Indonesia* (Jakarta: Penebar Swadaya Grup, 2012), 261-263.（印尼文）

50　Simanjuntak, Hasyim, Turnip, Purba, Siahaa, *Sistim Gotong Royong Dalam Masyarakat Pedesaan Daerah Sumatera Utara*, 52-53.（印尼文）

　　印尼的「互助合作」精神表現在政府的團結合作上，近期最鮮明的就是印尼自 2000 年開始民主化後，其政府內閣多以「互助合作」之意義命名。例如 2002 至 2003 年由梅嘉娃蒂（Megawati Sukarno Putri）總統領導的內閣稱為「互助合作」（Gotong Royong）內閣，而蘇西洛（Susilo Bambang Yudhoyono）總統的 2004 至 2008 年內閣稱為「團結印尼」（Indonesia Bersatu）內閣（蘇西洛內閣延續至 2013 年）。[51] 充分顯示印尼的「互助合作」仍然被該國的政治領袖所喜愛，並可將此視為印尼的重要政治傳統精萃。而印尼的內閣多使用「團結」、「互助」來代表政府施政的精神，對該國民眾呈現出政府的團結一致，各個部門之間也能夠協調合作，政府的能力比較容易充分地發揮。就像在印尼鄉里間的守望相助精神，以及鄰居之間能夠實踐互通有無，互相幫忙的生活態度。

　　有學者研究早期的東南亞社會民間精神，就像在新加坡的馬來人村落中，因為新加坡除華人之外，大部分還是以馬來人居多，所以在這樣的村落裡，也是看得到帶有彼此間提供資源的互相合作之精神，並經常是以 Gotong Royong 亦即「互助合作」來呈現。[52] 上述的馬來人的生活態度，在當地人眼中看來，主要是住在同一個村莊的民眾，他們已經互相熟識，並擁有高度的「互助合作」意願，所以可以充分表現出傳統的團結精神。在這樣的生活環境中，因為相互的協調

51　許家康、古小松，中國—東盟年鑑（廣西：線裝書局，2009 年）：220。

52　Josephine Chia, *Kampong Spirit - Gotong Royong: Life in Potong Pasir, 1955 to 1965* (Singapore: International Asia Pte Ltd, April, 2013), 11.

性高，又願意為對方付出，因此是不容易發生衝突事件的，彼此間為了要做到「互助合作」，任何事情似乎都可以找到解決的方法。

　　儘管印尼的社會上貧富差距非常嚴重，但是具有財富的優勢者，也會經常幫助窮苦的弱勢民眾，這已是印尼社會的常態。例如，回教徒在每年前往麥加（Mecca）的朝覲活動期間，不論是大朝覲（約需 50 天），抑或是小朝覲（約需 20 天左右），住在大城裡，經濟條件較佳民眾已不需要他人的協助來參加朝覲活動。除此之外，在印尼的一般村莊或是鄉下社區，每當朝覲活動開始時，大家都願意集資，優先提供當地年長者，或是病弱者先行去參加朝覲。因為對這樣情況的人來說，可以前往朝覲的機會已經不多了，所以要先幫助他們。而青年人或是壯年人，未來還有許多時間有機會可以參加朝覲活動，充分展現出印尼傳統的「互助合作」精神，當然也就降低因為無法參加朝覲，而出現嫉妒甚至可能發生怨懟或紛爭的機會。

　　此外，印尼所謂 Gotong Royong 的「互助合作」概念，其實較一般常被用來稱為「互助合作」的概念，更具有深一層的意涵。因為印尼群島多為雨林的環境，若要進行大面積的伐林開墾、種植與收成，或是狩獵圍捕，尤其要因應雨季帶來的洪災之復原工作，在在均需要群體的「互助合作」方能完成。不過，在印尼提到的「互助」，則又包含需要「回饋」的意思，即接受互助的一方，未來是必須回饋給之前提

供「互助合作」的另一方。因此有相互合作與互相幫忙的意義。由於筆者曾在印尼學習與工作多年，基於與印尼人士的交往經驗體會，以及和當地民眾互動，深切感受印尼對於「互助合作」的看法，多認為具能力的強者應協助弱勢的一方，且不會計較未來是否真的會有回報。[53] 因此，印尼相較於國際大國而言，處於弱勢的一方，所以就印尼的立場，會希望得到他國的協助。尤其是中國相對於印尼是屬於強國，印尼在與中國交往時，應會受到印尼「互助合作」觀點的影響，採取希望得到中國較多協助的外交政策。本書就「互助合作」的角度來檢視印尼對中國的外交政策，即是希望以印尼獨特的「互助合作」概念來分析影響印尼對中國政策的因素。

二、「互助合作」有雙向回饋與利益共享之意

因為印尼是一個擁有多元的民族與文化的國家，其國內民眾雖然彼此間的差異不能說不明顯，但是為了要能共同的生活在一起，避免不了搬有運無的交易與交流活動，因此和諧的環境是非常必要的，這樣才能夠滿足個別的生活需求。西方學者在研究印尼的傳統文化時，也認為印尼民間的 Gotong Royong（互助合作）是其文化當中非常重要的一個部分，並且將其解釋為互助與合作（mutual help and

---

53　作者係於 1997 至 1998 年前往印尼國立印尼大學修習印尼文，1998 年 5 月恰遇印尼全國發生「五月騷亂事件」（印尼文 Kerusuhan Mei），當時所居住的社區住戶即採取了印尼「互助合作」的方式，所有成年的男性居民必須要輪流擔任守護社區安全的工作，充分展現了印尼傳統的團結一致對外與互相幫忙的傳統精神。

cooperation），而這樣的合作是雙方具有相同情感的表現。[54]
也就是說，彼此在進行互助與合作時，已經給予對方一個認同感，即雙方是具有一個基本的同質性，抑或是基本上彼此溝通是無障礙的，都能瞭解對方的立場，甚至也要能夠體諒對方的處境與難處。因此，在「給」與「受」之間，彼此都具有一定的衡量能力，當接受了對方的幫助後，就會適時地找機會，在對方需要協助時也提供幫忙，以此來做為「互助合作」的回報。

如果是在印尼文中，使用「謝謝」（terimakasih）乙辭的本意就是對於「接受」（terima）對方的「給與」（kasih），表示感謝之意；因此，在印尼人的心目中，當獲得他人的協助後，必須要給予感謝。而且事後一定要覓得適當的時機，對於給予自己方便的友人，以帶有回饋的心裡，反過來當對方遇到困難時也會提出幫忙，以表示對彼此能夠相互幫忙的感謝。若是再進一步地去思考印尼人對於感謝的互動方式，很明顯的因為有回饋的意涵，所以不難對照出「共享」利益的態度。當有能力的一方想要幫助弱勢的一方時，對於較具能力者而言，這個「能力」將會被弱勢的一方視為對方擁有的「利益」。因此，在兩方以上的「互助合作」裡，應該可以將此當做是一種「利益共享」的形式。[55]

54　Benedict R. O'G Anderson, *Language and Power: Exploring Political Cultures in Indonesia* (Sheffield: Equinox Publishing, 2006), 148.

55　Direktorat Jenderal Kebudayaan Indonesia, *Sistem Gotong Royong dalam Masyarakat Pedesaan Daerah Khusus Ibukota Jakarta* (Jakarta: Direktorat Jenderal Kebudayaan, 1979), 85-86.（印尼文）

　　在印尼的傳統裡，所謂的 Gotong Royong 之「互助合作」其實已經深藏在每一位印尼人民的心目中，尤其印尼的年輕一代當然會從家庭的日常生活裡，體會如何去做到「互助合作」，瞭解到「互助合作」的真實意義。而當小孩一旦開始上學，那麼學校就會以集體的方式再度強調傳統的「互助合作」精神，包括在課業的學習上，以及學校的各項體育或競賽活動，也都會訓練學生在同儕之間，要如何地採取「互助合作」的態度。[56] 當然到了社會上，印尼的各行各業都存在所謂的「互助會」（arisan / 印尼文）組織。[57] 即是將各自不同生活或工作領域的人分別組織起來，利用繳交互助會費之方式，當其中有會員遇有不易解決的困難時，其所屬的互助會便將會給予財力的支援；使每一個參與互助會的人，因此有了資源的共享，在遇到困難而需要幫助的時候，可以獲得來自於「互助合作」精神所發起的組織之援助。

　　以上幾個源自於印尼傳統的「互助合作」（Gotong Royong）情況，就算是到了現在全球化的時代裡，仍然會看得到印尼民眾在「互助合作」上面的表現，不論是在村莊或是社區中，只要有舉辦活動，每一位成員的參與感都會非常的高。例如在印尼的國慶日，各個社區一定會舉辦團體性的競賽活動，最多舉辦的就是小型的足球比賽，而各個社區

56　Mariah Ahmad, *Gotong-royong di sekolah* (Jakarta: Golden Books Distributors, 2012), pp.11-15.（印尼文）

57　Samiul Hasan and Jenny Onyx, *Comparative Third Sector Governance in Asia: Structure, Process, and Political Economy* (Berlin: Springer Science & Business Media, 2008), 271.

也都會相互合作與互相幫忙地為所屬的社區爭取勝利。尤其是到了每年一次的「宰牲節」（Hari Raya Korban／印尼文），村里間都會依照回教信仰的習俗，宰殺牛、羊來分享親友。如果是財富較多或地位較高者，則以提供較貴的牛肉給鄰居好友分享；而地位一般，財力普通者，則以提供羊肉給親友。另外如果是一般受雇的勞工，則是接受前述所提供的牛、羊肉，因為這些人的經濟能力相對較弱，在社會上是屬於接受幫助的一群人。[58] 上述的印尼社會現況，可以發現印尼的「互助合作」存在了利益共享的精神與意涵。

第二節　印尼「互助合作」的特殊意義

　　其實在東南亞的廣大馬來人生活圈裡，因為大部分是由多元民族與宗教的人民來組成的國家。例如印尼、馬來西亞與菲律賓等國，鑑於不同民族的生活習俗與規範，以及擁有不同的宗教，若要統合全國的力量實為一件不容易的事，因此需要藉由發揮 Gotong Royong 的「互助合作」之精神，才能夠將所有的民族團結一致。而且 Gotong Royong「互助合作」的傳統在印尼獨立時期，也早已成為該國政治領袖喚起人民一致追求國家獨立的動力，促使全國上下能夠團結一心，共同達成建立國家的目標。當印尼獨立建國之後，「互助合作」的傳統精神自然成為政府內閣的團結與合作之象徵，也一直延續迄今。[59]

58　Clifford Geertz, Aswab Mahasin, Bur Rasuanto, *Abangan, santri, priyayi: dalam masyarakat Jawa* (Jakarta: Pustaka Jaya, 1983), 236.（印尼文）

59　Al Sugeng Wiyono, *Belajar Spiritual Bersama "The Thinking General"* (Jakarta:

一、「互助合作」是印尼地方上的重要民族文化

　　像前述西方的社會人類學家 E. E. Evans Pritchard 所認為的，在印尼其民族與社會的結構、政治制度等均值得社會學家研究，因為存有其與眾不同的特殊點。這樣的說法，正可說明印尼不單是一個多元民族的國家，更有特別的文化表現，尤其是在其政府希望凝聚各民族的共識與進行決策上，均極需要多方面的協調與共同合作。而要培養出這種協調的習慣，並且能夠去遵守協調出來的結果，則又必須以平常即已在運作的「互助合作」模式為基礎。因此，印尼傳統上即已存在於社會上的「互助合作」風氣，實已經深植在印尼社會的各個領域，當然也包括了政治方面。在面對衝突與紛爭的時候，就需要以追求和諧為目標，藉由協商與合作來達成上述的和諧氣氛。例如在加里曼丹（Kalimantan／印尼文）地區的達雅族（印尼名 Dayak），即有建造一種長廊房（Rumah Panjang／印尼文），當民眾有需要進行協商時，則將衝突雙方請至該房屋內的長型類似會議室的空間內，經過各方的協商與調解之後，最終將可達成一個和平的結論，此即是印尼當地特有的文化代表。[60]

　　印尼政府內閣的文化與教育部對於該國的每一個省份之文化均有調查研究，其中並將 Gotong Royong（互助合作）列為重要的傳統文化。例如在東加里曼丹省（Kalimantan

---

　　Serambi Ilmu Semesta, 2011),128.（印尼文）

60　Ahmad Yunus, *Meraba Indonesia, Ekspedisi Gila Keliling Nusantara* (Jakarta: Serambi Ilmu Semesta, 2011), 128.（印尼文）

Timur／印尼文）除了有農作的互助合作之外，還有蠟染織布的製程合作；[61]另外在南蘇門答臘省（Sumatera Selatan／印尼文）的居民在舉行喪禮時，會互相幫忙準備祭祀，以及各種服裝，尤其是蠟染的喪服之製作；[62]此外在廖內省（Riau／印尼文），當地的民眾則會在經濟活動上，展現「互助合作」的共同經營生意之精神。[63]以上僅列舉印尼政府對於該國部分地區的民俗文化之調查情形，並在不同的地區卻同時能歸納出具有相同的「互助合作」生活型態，顯示印尼民眾確實已經將這個傳統文化深埋在內心當中，Gotong Royong（互助合作）的意涵不僅僅是民間的生活信仰，而且也已經是該國政府重視的民族文化。

如果參照有些學者對印尼「互助合作」的論述，可以算是統括了印尼「互助合作」之原始的單純意思，亦即含有避免衝突、穩定社會、相互扶持、團隊合作與建立互賴之綜合性意義。其實不僅如此，還更應該涵蓋了印尼的「互助合作」之衍生意義，那就是社會的和諧關係，以及團體的規範，甚至更深一層的社會制約。這也就不難想到印尼的「互助合作」會從印尼國內社會的活動模式，而逐漸擴散影響到印尼政府的對外關係之交往活動方面，更凸顯了其意義的重

61　Rifai Abu, *Sistim gotong royong dalam masyarakat desa daerah Kalimantan Timur* (Jakarta: Departemen Pendidikan dan Kebudayaan Indonesia, 1979), 87（印尼文）

62　Departemen Pendidikan dan Kebudayaan Indonesia, *Sistem gotong royong dalam masyarakat pedesaan daerah Sumatera Selatan* (Jakarta: Departemen Pendidikan dan Kebudayaan Indonesia, 1979), 146.（印尼文）

63　Yopie Wanganea, Rifai Abu, *Sistem gotong royong dalam masyarakat pedesaan daerah Riau* (Jakarta: Departemen Pendidikan dan Kebudayaan Indonesia, 1979), 107.（印尼文）

要性。儘管是在現代的印尼社會，雖受到現代化與全球化的
影響，在社會上的許多生活領域，仍然可以見到「互助合
作」的影子。例如，印尼社區裡進行的輪流守護工作，防
範外界的不友善侵入，就像在 1998 年的「五月騷亂事件」
（Kerusuhan Mei 1998／印尼文）期間，每一個社區都會自
主的組織起來，共同一致對外來保衛自己社區的安全。[64] 尤
其是當該次事件發生後，騷亂情形逐漸擴散至印尼全國各大
城市，由於印尼政府未能及時控制局勢，使得社會秩序紊亂
約達 5 日以上，此期間各個社區或是商業區只有依賴自身的
「互助合作」來維護安全。[65]

就算現在已是全球化的時代，國際間的互動非常快速，
但是源自於印尼傳統的「互助合作」精神仍然影響到每個村
莊或社區，甚至對於印尼的政治以及外交作為，也都發揮了
一定程度的間接影響。只要當印尼民眾面臨危難，或是面對
生活問題時，最直接會聯想到的對策，可能就是平日生活中
經常會出現的農務勞動上的合作，或是舉辦節慶活動的協調
分工，又或是編織工作裡許多工序所需的互相幫忙。因此，
從日常生活中就已經存在的傳統「互助合作」概念，應該也

---

64 Nurhadiantomo, *Hukum reintegrasi sosial: konflik-konflik sosial pri-non pri dan hukum keadilan social* (Surakarta: Muhammadiyah University Press, 2004), 182. （印尼文）

65 當 1998 年印尼發生「五月騷亂事件」（印尼名 kerusuhan Mei ）時，筆者即在印尼的首府雅加達（Jakarta）的國立印尼大學學習印尼文，而所租用在社區的住處，也因為該事件的發生，社區所有的出入口已無法通行，為了保衛家園，防範外界不法分子的入侵，此時整個社區就以 Gotong Royong（互助合作）的名義，要求男性住戶輪班守夜，期間長達 1 個多月，直到政府能夠掌控印尼全國的秩序為止。

會潛移默化地影響到印尼的政治領域，以及擴展到印尼外交的運作模式上。

二、「互助合作」是印尼歷屆內閣的施政精神

　　由於印尼是多元民族的國家，其政府的施政必須兼顧到各個民族的利益，就像印尼國徽中的「神鷹」圖騰一樣，存有「異中求同」（Bhinneka Tunggal Ika/印尼文）的標語，呼籲著印尼全國國民必須要摒棄成見，共同來為自己的國家奉獻。[66] 也就是為了要團結每一個民族，鼓勵印尼民眾都能夠發揮「互助合作」的精神。在上述的神鷹圖騰裡包含了印尼的首任總統蘇卡諾（Sukarno）於 1945 年 8 月 17 日建國演說中所宣示的五大信念，包含：

第一、信仰上帝（Ketuhanan Yang Maha Esa/印尼文）。

第二、公正文明的人道主義（Kemanusiaan Yang Adil dan Beradab/印尼文）。

第三、印度尼西亞的民族主義（Persatuan Indonesia/印尼文）。

第四、民主協商制度（Kerakyatan Yang Dipimpin oleh Hikmat Kebijaksanaan dalam Permusyawaratan Perwakilan/印尼文）。

第五、全體人民的社會正義（Keadilan Sosial bagi seluruh Rakyat Indonesia/印尼文）。[67]

66　Tim Smart Genesis, *UUD 1945 & Amandemen* (Jakarta: HutaMedia, January, 2016), 53.（印尼文）

67　劉富本，國際關係（台北：五南圖書，2003 年）：130。另參閱 P. J. Suwarno,

　　這些基本的民族精神已逐漸成為印尼政治運作的重要特徵，而政治改革以來的歷屆內閣政府，也大多會以互助合作，以及團結統一等做為內閣的名稱。例如 2001 至 2004 年印尼的內閣即名為「互助合作」（Gotong Royong）內閣。[68]

　　從印尼政府的施政精神來看，自印尼政府於 2000 年前後實施政治改革以來，經過不同政黨所組成的內閣持續標榜有關傳統的團結與合作之精神，尤其是「互助合作」之意涵，應已能被大多數印尼民眾所接受，並從內心去實踐民族的傳統政治文化。由於印尼政府的積極宣導與實踐，使得每一屆的新任政府，都會希望能夠以務實與合作的態度來施政，以利爭取民心。尤其是需要大家表現出團結一致，來配合政府政策與施政方向時，Gotong Royong 的「互助合作」將是最關鍵的因素；就像爪哇人有一句諺語是：「不管有無利益，大家要先團結」（mangan ora mangan kumpul／印尼文），亦即是要以「互助合作」為先。[69]這樣的精神若能存在於一

Pancasila budaya bangsa Indonesia: penelitian Pancasila dengan pendekatan, historis, filosofis & sosio-yuridis kenegaraan (Jakarta: Kanisius, 1993),78.（印尼文）

68　除了「互助合作」內閣外，印尼在 1999 年左右的民主改革之後，內閣名稱即含有互助、合作、團結與務實等，包括：1999 至 2001 年的「國家團結」（Persatuan Nasional）內閣；2002 至 2003 年的「互助合作」（Gotong Royong）內閣；2004 至 2008 年的「第一屆團結的印尼」（Indonesia Bersatu I）內閣；2009 至 2013 年的「第二屆團結的印尼」（Indonesia Bersatu II）內閣；以及最近 2014 年迄今的「務實工作」（Kerja）內閣。參閱 Tim Edu Penguin, *HARAPAN RAKYAT KABINET KERJA JOKOWI-JK & UUD 1945* (Jakarta: PT. Edu Penguin, 2014), 156.（印尼文）

69　Saiful Mujan, *Muslim demokrat: Islam, budaya demokrasi, dan partisipasi politik di Indonesia pasca Orde Baru* (Jakarta: Gramedia Pustaka Utama, 2007), 135.（印尼文）

般的民眾心裡，則政府的各項政策當然能夠較為便利地推行，因此「互助合作」也會很自然地成為印尼政府的施政精神。

　　說到印尼的「互助合作」傳統精神如何對該國的政治發揮影響，可以從印尼爭取獨立前後，以及為了建設國家，印尼在 20 世紀初期出現了很多的民間組織，其中包括了知名的「穆罕默迪雅」（Muhammadiyah），以及「回教教士協會」（印尼名 Nahdlatul Ulama，簡稱 NU）等，主要目的是團結印尼民眾，共同爭取國家自由與獨立，並且能夠進一步的建設印尼。另外，「互助合作」也可以從印尼的建國精神上發現，就像前述印尼的第一任總統蘇卡諾所揭示的建國五原則「班察西拉」（Pancasila / 印尼文）精神，代表著印尼是多元社會的團結與統一。並且印尼靠著這樣的建國精神，逐漸地將國家發展起來。同時蘇卡諾總統也曾強調，印尼的立國精神與民眾的團結，主要必須靠 Gotong Royong（互助合作）的原則。[70] 嗣後在印尼政治民主化後，政府內閣積極對「互助合作」進行推廣，印尼民眾更潛移默化地培養了此一處世態度，對印尼社會的穩定似有一定程度的正面影響。

70　Ibid, 135-136.

第三節　印尼外交在「互助合作」上的表現

　　在印尼的國境內，儘管島嶼星羅棋布，不過相似的地區與環境也相當的多。當要選擇與某一地區進行商務時，可能會發生與其具有相同條件者，甚至機率還不小。為了使商貿等事務進行的過程更為順利，不致受到相同行業或類似領域者之干擾，那麼印尼傳統的「互助合作」中所隱含的利益共享，或稱其為「雨露均霑」的概念，則成為明顯的特徵。因為相關聯的產業，或是其中的從業者，也希望彼此之間的競爭不要過於激烈；所以「互助合作」的文化在相互之間就會表現出來，其目的主要是使得交往的各方都能夠共同獲益，而不會因為相互間的競爭而造成損害。當印尼政府在對外交往時，這個「互助合作」的傳統精神，似乎也已成為該國政府考量政策的重要基本因素之一。

一、達成合作共識是印尼外交的基本立場

　　其實 Gotong Royong（互助合作）的展現，在印尼各地均能見到，例如每當鄉村裡要舉辦慶典活動、興建社區裡的房屋，或是有婚喪喜慶活動，以及農作物成熟要收成的時候，各家各戶均會出錢出力的參與。也就是有錢的出錢，而有人力的家庭，則除了盡可能地給予金錢支持外，還是以人力的幫忙為主。到了現代，這樣的「互助合作」已成為共同解決所面對問題的一種方式。就像印尼前總統梅嘉娃蒂（Megawati Sukarno Putri）為了要處理全國的政務，在組織內閣時甚至直接就用 Gotong Royong 做為內閣的名稱，藉此

表示以「互助合作」內閣來解決國家百姓的問題。[71]當然具有這樣一個「互助合作」概念與精神的內閣，在面對與處理外交事務時，也會受到印尼傳統的「互助合作」之影響，而且在政策制定上會依循「互助合作」的作法，並且以此立場來對待外國政府。

如果要在印尼的外交史上找出最著名的事件，可能就要算在1955年於印尼的萬隆市（Bandung／印尼名）舉辦之第一次的亞歐會議（Conference of Asia and Africa），可說是印尼願意與來參加會議的29個國家建立合作關係。尤其是當時的中國北京政府派出時任國務院總理的周恩來率團參加，並提出了所謂的「和平共處五原則」。[72]同時該次會議也使得印尼的國際地位大幅提升，鞏固了印尼自1945年建國以來的國家地位。特別是當時冷戰才拉開序幕，「萬隆會議」即結合了那一時期的第三世界國家，透過這樣的集會團結在一起，其實也就是一個「互助合作」的展現。也因為該會議的召開與呼籲團結的精神，符合印尼「互助合作」的傳統，在這樣的情況下，印尼才會積極地籌辦「萬隆會議」。甚至在五十年之後的2005年，印尼與中國也就是基於延續當年的一個國家間的合作共識，自然而然地有理由促使該兩國簽署建立起「戰略夥伴關係」。

其實在1967年的東協成立，也是在實踐東南亞國家間

71　Apri Subagio, *Go Go Indonesia; 101 Alasan Bangga Jadi Ank Indonesia* (Jakarta: Cerdas Interaktif, 2013), 129.（印尼文）
72　翟強，冷戰年代的危機與衝突（北京：九洲出版社，2017年）：173。

的互助與合作。因為在冷戰的初期，東南亞國家才剛剛脫離帝國主義國家的殖民邁向獨立不久，以單一的東南亞國家之實力，當然無法對抗當時中國共產黨的所謂「革命輸出」。因此，東南亞國家便在美國等西方國家的支持下，基於東南亞國家間的互助與合作精神，來對抗共產主義滲入的可能，因此，很快地建立了東南亞國家聯盟（東協的前身）。「互助合作」不僅是長期以來印尼外交的基本立場，而且延續迄今，現任的印尼總統佐科威（Joko Widodo）在其首任總統的就職演說時即曾經對外表示，希望能透過與印尼國內的各個黨派相互合作，一起努力為印尼的發展來貢獻，除了內部的團結合作之外，他還希望能夠拓展至外部的合作，此點顯現出印尼「互助合作」精神對其外交政策的影響。[73]

　　印尼總統佐科威（Joko Widodo）自從 2014 年 10 月份就職總統後，即多次安排訪問中國。例如佐科威積極地規劃在 2015 年的 3 月 25 日至 27 日訪問北京，習近平在接見佐科威時，特別強調該兩國的戰略夥伴關係需要繼續推動，以利中國可以積極參與目前印尼的港口、高速鐵路、機場、造船、沿海經濟特區等基礎建設。[74]另外，2016 年 9 月 2 日至 3 日佐科威赴中國訪問，並接續參加 9 月 4 日至 5 日在杭州舉行的 G20 國家會議，當然期間曾與習近平見面，並商討

73　Puspa Swara, Arimbi Bimoseno, *JOKOWI RAPOPO JADI PRESIDEN* (Jakarta: Puspa Swara, 2014), 46.（印尼文）

74　參閱中央社新聞網，「習近平會佐科威全面推動戰略夥伴關係」，<http://www.cnabc.com/news/aall/201503270202.aspx >（2017 年 12 月 31 日）。

有關兩國雙方的合作事宜。[75]不過,印尼基於「互助合作」外交基本精神,當然會希望中國的 21 世紀海上絲綢之路倡議(即所謂的「海上絲路」),能獲得習近平的同意與印尼的「全球海洋支點」戰略相互結合。

表 2　印尼總統佐科威訪問中國要況

佐氏訪中國時間	活動內容	政治意涵
2016.09.02 — 2016.09.03	一、佐科威與習近平會面,討論有關在貿易、投資、金融、基礎設施等領域合作。 二、雙方要繼續加強高層溝通,積極對接 21 世紀海上絲綢之路倡議和「全球海洋支點」構想。 三、中國願同印尼在聯合國、亞太經合會、G20 等多邊組織中加強協調,共同維護發展中國家利益。	印尼支持中國的 21 世紀海上絲綢之路倡議,並基於「互助合作」交換中國支持印尼的「全球海洋支點」戰略。
2015.03.25 — 2015.03.27	一、佐科威與中國主席習近平會面,雙方舉行會談,同意共同推動全面戰略夥伴關係。 二、習近平與佐科威共同見證該兩國簽署經貿、基礎建設、航空、稅務及海上搜救等領域之合作文件。 三、建立副總理級交流機制,制定「中印尼全面戰略夥伴關係未來 5 年行動計畫」。	佐科威允諾中國繼續推動雙方的「全面戰略夥伴關係」,以「互助合作」交換中國對印尼援助基礎設施建設、協助航空及海上搜救等合作。

資料來源:中央社新聞網,<http://www.cnabc.com/news/aall/201503270202.aspx>、印尼星洲日報網 <http://indonesia.sinchew.com.my/node/62249>。

75　參閱印尼星洲日報,「佐科威會見習近平,印中積極對街海洋戰略」,2016 年 9 月 3 日,<http://indonesia.sinchew.com.my/node/62249>(2017 年 12 月 31 日)。

二、有回饋的互助合作是印尼外交之目的

　　印尼在與中國進行外交工作時，有很大的一部分是希望從中國方面獲得對印尼國內經濟發展有利的資源。例如印尼前貿易部長馮慧蘭（Mari Elka Pangestu／印尼名）曾於 2007 年 9 月間訪問中國，除與中國商討有關雙邊貿易之事務外，中國並同意印尼的要求，提供印尼優惠的貿易政策，包括：

（一）放寬出口的貸款。

（二）全力支持印尼爪哇島（Jawa／印尼名）與馬杜拉島（Matura／印尼名）的跨海大橋工程。

（三）援建西爪哇省（Jawa Barat／印尼名）的發電站。

（四）繼續協助加蒂各迪（Waduk Jatigede／印尼名）的水壩建設等。[76]

　　以上中國對印尼援助的基礎建設，尚未聽聞有相對的交換條件，甚為符合印尼外交的「互助合作」精神，亦即可以得到回饋的相互交往方式，北京政府也樂得趁該次機會可以爭取到印尼對中國的善意，並且能夠拉近中國與印尼的關係。

　　若從印尼傳統 Gotong Royong 的「互助合作」所蘊含之意義來看，例如，在離雅加達約 150 餘公里處的獨立部落區域，有一個遺世獨立的村莊叫做巴堆（Baduy／印尼名），當地的住民，每當收成時都會採取「互助合作」的方式，將

76　中國外交部，中國外交（北京：中國外交部，2008 年）：105。

剩餘的糧食，儲藏在類似房屋大小的穀倉裡，只要遇到荒年的時候，則同一個村落的住民就會共同分享之前所儲存的糧食，在分食的過程裡是不會分彼此的，此即展現出當地的「互助合作」傳統。[77] 而在爪哇島地區其實也有一種共同住在一間屋子的習俗，即依據鄰居的居住需要，一起同住在一間傳統的住宅裡。就算是在現代的大城市中，依然可以見到這種形式的 Gotong Royong（互助合作）現象。其中最多的就是定期舉辦的聚會，或是發起集體性的社區打掃清潔活動，以及共同的出錢、出力來修建道路等。[78] 印尼的社會在 Gotong Royong 的「互助合作」精神下，甚少因為失敗而出現埋怨或是諉過他人的情況，儘管在各種競爭之下總會有跌倒或失敗者，但是在印尼若是某一方處在一個相對的弱勢地位，則必然會出現願意協助弱勢者的個人或是群體；而一般認為具有優勢者，當然是位於協助弱勢者的一方。所以在印尼，只要是被認為擁有較多財富者，在社會需要救助時，必然會被要求提供較多的協助力量。

　　從上述觀點，即由印尼人的想法中來理解，在中國與印尼交往的各種情況裡，每當印尼國內社會遇到重大災害

77　筆者曾於 2010 年 10 月 6 日與家人前往參訪印尼西爪哇 Baduy 這個地方。經探訪，該地方的民眾依然完全地生活在人類物質文明之前的時代，就是沒有使用到在現代工業革命之後的製品，他們還是過著日出而作，日落而息的生活。依靠著耕作的收成維持部族的生命延續，穿著的也是婦女們所織的布做成的衣服。如果村落中有任何人離開了他們居住的範圍，被該部族的人視為接觸過外界文明的世界，此時這樣的族人將無法返回到原來的村落裡，而必須要在村落之外另組新的村落，做為裡面原來部族群體與外界的屏障。

78　Apri Subagio, *Go Go Indonesia; 101 Alasan Bangga Jadi Ank Indonesia* (Jakarta: Cerdas Interaktif, 2013), 129.（印尼文）

時，北京政府就會及時給予協助。例如 2007 年印尼蘇門答臘島（Sumatra／印尼名）的巴東地區（Badang／印尼名）發生大地震，中國政府便曾透過印尼的紅十字會提供援助 3 萬美元，做為救災款項。[79] 中國的作法非常符合印尼的「互助合作」精神，即當一方面臨困難需要外界幫忙，此時便成為弱勢者；所以相較之下，其他較有能力者，亦即成為強勢的一方，因此有義務對弱勢者提供協助。儘管較多的時候，印尼是處於接受幫助的弱勢角色。但是，印尼人的性格是屬於很希望能夠幫得上忙的；只是因為有時印尼是處於弱勢，能力有限，或許沒辦法立即展現出能力，但其「互助合作」的心意是不容懷疑的。

　　因為對印尼而言，交流與互動的目的是能夠互助，進而發展成合作關係，旨在能夠得到雙贏。例如中國近期援助印尼的基礎建設之一，即是中國的國家開發銀行與「印尼中國高鐵有限公司」在北京簽約，中國正式地給予印尼政府低利貸款 45 億美元（約新台幣 1360 億元），提供協助印尼興建雅加達通往萬隆的高鐵工程。[80] 印尼在上述的與中國來往當中，得到了中國所給予的基礎設施建設之協助，讓印尼對中國的外交有了印尼方面所謂的「互助合作」式的回饋。

79　中國外交部，中國外交：27。
80　中央社，「陸貸款印尼 1360 億建高鐵簽約」，《中央社新聞網》，<http://www.cna.com.tw/news/acn/201705140251-1.aspx>（2017 年 12 月 1 日）。

第四節　小結

　　要瞭解印尼文中 Gotong Royong（互助合作）的意涵，才能夠體會其在印尼人的生活中如何發揮影響，甚至再向外擴及到印尼社會的政治、經濟、文化等層面，以及印尼的對外關係，尤其是印尼對中國的外交政策之變化。印尼傳統的「互助合作」意涵，從較早期的指涉一般村民間的互助合作，以及在農務或是公共事務上的相互幫忙等所採取之共同行動，目的在完成已經訂定的工作目標；而逐漸演變到現在的雙向合作、利益共享、追求雙贏，以及具有回饋的相互合作等之綜合型概念。這樣的「互助合作」精神已經存在印尼的社會、村落之間，也是印尼民眾重要的生活模式之一，印尼的每一個地方都會有其獨特的「互助合作」模式，但是都脫離不了村民間的相互協調與合作；而且彼此間也較不會計較哪一方出力多寡，只要是遇到再有需要時，一定會有曾經接受過幫助者之回饋式的協助。

　　印尼的「互助合作」精神也維持了當地社會的和諧與穩定，無論是在村莊或是都市當中，都有當地需要共同完成的事務，或是必須集合眾人之力才能達成的工作；此時傳統的「互助合作」精神便成為連繫民眾彼此之間的原則，以及社會上共同出力、相互協調的一種規範。除了在民間有這樣的「互助合作」表現外，影響所及，印尼的政府在施政上也會採取這種既已存在的生活風俗與習慣，也就是印尼的政府在組織內閣時，多半喜於採用有關「互助合作」、「團結

合作」等等的名稱。就像 1999 至 2001 年的「國家團結」
（Persatuan Nasional／印尼文）內閣；2002 至 2003 年的「互
助合作」（Gotong Royong／印尼文）內閣；2004 至 2008
年的「第一屆團結的印尼」（ Indonesia Bersatu I／印尼文）
內閣；2009 至 2013 年的「第二屆團結的印尼」（Indonesia
Bersatu ll／印尼文）內閣；以及最近 2014 年迄今的「務實
工作」（Kerja／印尼文）內閣等。印尼政府採用這樣的名稱，
其實也方便民眾瞭解政府的工作方向，以及容易配合政府的
施政績效。

　　印尼的「互助合作」傳統精神，除了展現出印尼民眾
高度的「互助合作」意願，公眾的事務也很容易獲得多數民
眾的配合來完成；其實在這樣的氛圍與環境中生活，民眾之
間的相互協調性變得比較高，彼此之間能夠願意為對方多付
出，任何關聯到雙方，甚至是多方的事務，由於大家對於做
到「互助合作」的意願極高，那麼在公眾之間發生的任何事
情，似乎彼此都願意找到解決方法，如此也減少了社會上發
生衝突事件的機會。因為印尼社會上大多都有這樣的「互助
合作」信念，也使印尼國內較少發生紛爭，基本上是很難發
現有民眾在彼此爭吵，或是有紛爭的尷尬場面；反而呈現出
的是因為大家基於「互助合作」的信念，共同一起來守望相
助。

　　對於印尼政府來說，「萬隆會議」已經成為該國對外
標榜外交成就的一個重要國際活動，尤其當時的印尼政府確

實發揮了「互助合作」的精神，聯合國際上的第三世界國家，共同召開這樣的一個國際會議。在印尼與中國的關係發展史上，「萬隆會議」更是該兩國之間的重要外交里程碑，也成為之後印尼與中國發展「戰略夥伴關係」，以及提升為「全面戰略夥伴關係」的濫觴。近期中國對印尼的各項基礎設施建設的援助，並未向印尼要求相對的回饋，與印尼傳統的「互助合作」精神甚為相符，這樣的相互交往方式也是維繫印尼與中國雙邊外交關係的重要關鍵之一。

　　儘管印尼傳統的「互助合作」精神是基於參與合作的各方，只要是到了需要外界協助時，都會提供類似給予回饋式的幫忙，使得在印尼的社會裡，大家都非常願意對外提供幫助，其實這與印尼民眾原本即屬於樂於幫助別人的天性有關。就算是大多數時間印尼是處於弱勢的一方，多半為接受外界協助的角色，但只要印尼擁有能夠對外提供協助的能力時，印尼也會盡可能地對與其合作的友方給予幫助。綜觀源自於印尼傳統的「互助合作」（Gotong Royong）的概念，其最終的目的即是能夠達到雙贏的理想；在現實的國際環境裡，印尼人也充滿了具有理想主義色彩的合作精神，「互助合作」的外交模式已成為印尼對外交流與互動的重要方式之一。這樣的「互助合作」生活態度，潛移默化地影響到印尼的外交行為，使得印尼與中國的交往過程裡，充滿了印尼「互助合作」外交的色彩。

第三章　印尼對中國外交關係之歷史

　　印尼與中國雙邊關係的發展，從過去的歷史上來看，的的確確經歷了不同時期的高低起伏，甚至還有震盪和長時段的關係凍結。最早在 1945 年印尼獨立建國的初期，印尼政府為了獲得來自外國給予的政治承認，所以選擇了同樣與印尼是為了反抗西方國家的殖民主義，也是新興建立的北京政府政權，於 1950 年 6 月間印尼與北京政府開始建立正式的外交關係。雖然在此之後印尼與中國雙方曾歷經過 1967 至 1990 年長達 33 年關係中斷時期，惟在印尼與中國恢復外交關係後，即快速地修補雙方的互信，且積極地加強雙邊在各個領域的交往關係，並於 2005 年建立了「戰略夥伴關係」，印尼與中國更在最近的 2013 年提升為「全面戰略夥伴關係」。

第一節　印尼對中國關係從友好到中斷 （1950-1967）

　　印尼與中國建立外交關係的初期，雙方的往來甚為密切，關係發展也非常快速；當然中國為了擴展在印尼的共產主義勢力，於印尼蘇卡諾（Sukarno）總統執政時期，中國與印尼維持一段關係友好與親密的時代。但是好景不長，由於 1965 年 9 月 30 日在印尼發生了所謂印尼共黨奪權的「930 事件」，讓該兩國的外交關係進入凍結時期。[81] 從此印尼開

81　張錫鎮，東南亞政府與政治（台北：揚智文化，1999 年）：388-392。

始傾向美國的立場,而採取反共的政治態度,印尼與中國兩國的關係便正式在 1967 年進入到外交關係停滯狀態。

一、相互承認後歷經關係緊密時期

印尼在 1945 至 1948 年間與第二次世界大戰前的殖民母國荷蘭,展開了約 3 年的爭取獨立建國戰爭。[82] 當時的印尼總統蘇卡諾以為同一時期中國北京政府能夠用較短的時間建立起政權,並且佔領整個中國地區,主要就是因為北京政府有一個進步的新政黨,因此想要學習中國共產黨的長處,暗中支持早在 1924 年即已於印尼境內成立的「印尼共產黨」(Partai Komunis Indonesia/ 印尼文),同時也積極加強印尼與中國的外交關係。[83] 除了印尼與中國相互給予外交承認之外,印尼也為了擴大爭取國際上各國的支持,因此也願意配合北京政府聯合貧窮國家的外交政策。[84] 在印尼與中國交往的初期,雙方因基於國際局勢發展之外交需要的考量,呈現出雙方利益可以進行相互幫助與合作的情勢,所以就促成了印尼在建國初期與中國關係的快速發展。

若從中國的外交準則來看,最常被提及的就是所謂「和平共處五原則」,而最早完整提出和平共處五項原則的就是中國前總理周恩來,其於 1953 年 12 月 31 日代表北京政府與印度政府代表團談話時提出:「互相尊重領土主權、互不

82　李美賢,印尼史:134-135。

83　顧長永,印尼:政治經濟與社會(高雄:復文出版社,2002 年):38-39。

84　李寶俊,「戰略夥伴關係與中共外交的歷史抉擇」,鄭宇碩主編,後冷戰時期的中國外交(香港:天地圖書有限公司,1999 年):76。

侵犯、互不干涉內政、平等互惠、和平共處」，此即中國對外所宣稱的「和平共處五原則」之雛形，而其中的平等互惠一項，後來則被改為平等互利。1954 年的日內瓦會議期間，周恩來亦曾多次的闡述這個「和平共處五原則」之內涵。不過，「和平共處五原則」的表述方式之確定，則是要在 1955 年於印尼舉行的萬隆會議（亞非會議 / the Asian-African Conference）之後。當時周恩來在「萬隆會議」中闡述的內容為：「互相尊重主權和領土完整、互不侵犯、互不干涉內政、平等互利、和平共處。」但是，其實「和平共處五原則」最早出現在中國的對外關係文件上，則是中國與印度發表的「中印關於中國西藏地方和印度之間的通商和交通協定」之內容中。[85]

因為有了上述的「和平共處五原則」，故當中國與其他國家商討雙邊的關係時，多半會將這個和平共處的條件提出來，做為訂定相關合作協議之依據。所以「和平共處五原則」中的互利精神，可以說從一開始即已經成為中國外交的重要基礎之一。而印尼舉辦「萬隆會議」後的一段時期，印尼與中國關係發展達於頂峰，當時印尼的蘇卡諾總統並曾於 1956 年 9 月間訪問北京，之後雙邊關係看似已經進入親密的佳境。[86]若依據中國的學者研究，北京政府在「萬隆會議」後，其對外援助對象，已經開始從原來的支持社會主義國家，轉而擴大到第三世界的發展中國家；並稱中國是根據平

85　顏聲毅，當代中國外交（上海；復旦大學出版社，2004 年）：96-97。

86　Rizal Sukma, *Indonesia and China*, 14.

等互利的原則提供對外援助，以及不會附加其他的條件。[87]
因此，這一時期的印尼與中國外交關係，部分已經顯現出帶
有印尼傳統「互助合作」精神的色彩。

　　其實，當印尼與中國建立外交關係之初，印尼國內的
共產黨早就已經在印尼生根與發展，並已積極在印尼各地建
立分支組織。若以 1955 年前後的印尼全國約有 260 席國會
議員之中，印尼共產黨便已佔有了 39 個席次，並已是國會
中的第四大黨。[88] 這種情勢充分展現出共產黨在印尼的政治
實力，並顯示已具有相當的群眾支持基礎。但是因為當時的
印尼政局還算不上穩定，而其國內的不同政治派系之間競爭
亦非常激烈；且由於印尼亦於 1950 年 9 月加入了聯合國，
才使得後來該國的內閣慢慢地轉變立場，而採取比較傾向於
西方國家的運作方式。[89] 之後，印尼內閣便開始出現了傾向
民主陣營的趨勢；如此一來，使得印尼與中國才建立起來的
外交關係沒辦法再繼續提升。[90] 甚至於讓印尼政府內部的反
共勢力，逐漸受到來自印尼國內與國外的政治環境之轉變而
開始抬頭，印尼國內也慢慢地對印尼共產黨採取了不信任與
懷疑的態度，最終便在 1965 年發生「930 事件」後，印尼
共產黨的勢力急速地走下坡。

87　中國提供外援的領域，基本上包括提供建築工程、專業技術、醫療隊等人員，
　　以及部分的青年志願者。參閱周弘，「中國援外六十年的回顧與展望」，外
　　交評論，27 卷 5 期（北京：中國外交部外交學院，2010 年）：4-5。
88　許天堂，政治旋渦中的華人（香港：香港社會科學出版社，2004 年）：
　　675。
89　李美賢，印尼史，頁 158。
90　張錫鎮，東南亞政府與政治（台北：揚智文化，1999 年）：388。

二、印尼採取反共立場後與中國關係開始下滑

由於中國共產黨在建立北京政府初期，對外採取了所謂的「一邊倒」政策，立場完全傾向前蘇聯，使當時的中國外交政策，充滿了意識形態的色彩。[91]而在印尼萬隆（Bandung）召開的「萬隆會議」，經常成為印尼與中國兩國關係快速發展，且已經邁向友好方向的重要標誌。該會議有來自 29 個亞洲與非洲國家領袖參加，尤其是中國前總理周恩來當時亦曾率團出席。[92]「萬隆會議」主要結合了有中國、印度，以及埃及等第三世界的主要國家，其中一個目的即在團結當時亞洲與非洲地區國家的力量，共同對抗強權大國掌握世界資源的意識形態甚為明顯。當年的「萬隆會議」在結束時通過了「亞非會議最後公報」（final communique of the Asian-African conference），並提出「十項原則」，主要內容包括：

（一）尊重基本人權。

（二）尊重一切國家的主權和領土完整。

（三）承認一切民族與大小國家平等。

（四）不干涉他國內政。

（五）尊重各國依聯合國憲章單獨或集體採取自衛之權力。

（六）不採取集體防禦為任何大國服務。

---

91 衛靈、孫潔琬，鄧小平外交思想探究（北京：中央文獻出版社，2000 年）：278。

92 李美賢，印尼史，頁 167。

（七）不以武力侵犯他國。

（八）按聯合國憲章和平解決紛爭。

（九）促進相互利益與合作。

（十）尊重正義與國際義務。[93]

　　上述的十項內容可說是周恩來在該會議中所提出的「互相尊重領土主權、互不侵犯、互不干涉內政，平等互惠與和平共處」五項原則之具體化；其內涵精神反映出了當時的亞洲與非洲國家反對國際強權政治，以及反霸權主義之精神，希望以共同維護世界和平之願望，結合第三世界國家進行互助與合作。

　　除了上述的「和平共處五原則」外，中國對外的交往與對外援助早已有其基本規範，即周恩來於 1964 年 2 月 18 日訪問亞非國家時，曾提出對外援助的八項原則，包括：

（一）中國共產黨一貫以平等互利原則對外援助。

（二）尊重受援助國主權，絕不附帶任何條件和要求。

（三）以無息或低利貸款方式提供經濟援助，必要時可減輕受援國的負擔。

（四）提供援助目的不是要受援國依賴中國，而是幫助受援國邁向經濟獨立發展。

（五）受援的項目力求投資少、收效快，使受援國增加收入。

（六）中國提供其能生產的設備與物資。

93　劉宏煊，中國睦鄰史（北京：世界知識出版社，2001 年 4 月）：404。

（七）保證受援國能掌握受援的技術。

（八）中國所派出的專家不能受特別待遇。[94]

　　儘管到了現在，這些原則還是可以從中國對外援助活動中看到；而且其中的第二項「尊重受援助國主權，絕不附帶任何條件和要求」，甚為符合印尼基於「互助合作」原則進行外交所期待的，也極為容易地獲得包括印尼在內當時經濟發展較晚的東南亞國家之認同。

　　當然，在 1950 到 1960 年代中國提出援助第三世界的立場後，此時的印尼與中國關係仍相當密切，以及兩國的國際外交路線也是較為接近或是一致。但最後還是因為印尼共產黨在其國內太過活躍，以及中國急於向第三世界輸出革命之狀況下，使得印尼政府受到美國等西方民主國家的幕後支持，加入參與以美國為首的民主國家陣營，與其他東南亞的民主國家在區域內建立起全球反共陣線，目標即是對中國的共產黨勢力擴散進行圍堵。此期間於 1965 年在印尼國內也發生了所謂「930 事件」的印尼共黨奪權事件，印尼政府趁此時機在其國內致力將印尼共產黨的勢力趕出至印尼境外，嗣後印尼與中國的關係便迅速滑落，直至 1967 年雙方關係降至「凍結」的冰點。

94　人民日報，「1964 年 2 月 18 日周恩來提出援外八項原則」，人民新聞網，<http://www.people.com.cn/GB/historic/0218/5805.html>（2017 年 12 月 31 日）。

第二節　印尼與中國關係從凍結到恢復外交（1968-1990）

　　印尼與中國關係在 1968 年之後即進入中斷的停滯階段，兩國在此一時期處於互不接觸的狀態，當時仍在印尼的華裔人士也受到印尼與中國外交關係凍結所造成的連帶影響。印尼政府在該一時期加強要求華裔人士使用印尼文的名字，希望藉此促進國內民族的融合與同化，印尼境內所有的中文學校亦因此而陸續被迫關閉，中文的使用受到印尼中央政府的管制。印尼與中國關係中斷情形要到了 1978 年中國進行改革開放後，由於中國開始廣泛的對外交往，才使得印尼與中國關係有了改善的契機。

一、印尼與中國關係的長期凍結

　　過去在上一（20）世紀冷戰期間，印尼對外主要採取傾向西方的反共立場，關鍵當然是受到美國的影響與支持；因為美國要對來自前蘇聯與中國的共產主義擴張進行圍堵政策，故在 1970 年代，大量地對泰國、馬來西亞、菲律賓及印尼等東南亞國家提供經濟發展與軍事合作的援助，藉以在該區域對抗共產主義的勢力。[95] 另外再加上當時的東南亞各國均處在建國初期，各國要應付其國內即已存在的各種派系間之衝突，非常需要排除外在國際環境的干擾，來維護國家的穩定。因此，東南亞各國多採取了包含政治、經濟、軍事、

95　宋鎮照，臺海兩岸與東南亞：三角政經關係之解析（台北：五南圖書，1999年）：189。

社會、文化等廣泛層次的「綜合性安全」（comprehensive security）考量。[96]當然此時的印尼政府，因基於國家的利益，以及對美國的逐漸依賴，才會願意配合美國在全球圍堵中國的政策，並與大部分的東協國家共同一致地站在反共的陣營。當然，因為印尼政府採取了反共的立場，所以此時的印尼與中國關係是處於中斷情況。

　　如果將東南亞與東北亞相較，中國對於和東南亞地區的活動主要是在經濟領域。因為受到了冷戰時期的國際結構之影響，尤其在 1960 年代至 1970 年代，中國內部是處在文革期間，採取的是革命式的外交，使得中國與當時部分東南亞國家關係處於黯淡時期。中國與包含印尼在內的大部分東南亞國家的關係發展，則是要等到 1970 年代末期，中國開始改革開放之後才逐漸好轉。[97]當時在印尼與中國關係凍結的期間，彼此間仍然有的少量貿易活動，多半是透過從香港來做為中轉港口，當時採取了所謂的轉口方式來進行貿易。儘管中國在 1978 年開始實行改革開放政策，惟仍需要時間來改變國家的國際形象；因此，直到 1985 年印尼商會主席蘇加達尼（Sukamdani S. Gitosardjono / Ketua Umum Kadin Indonesia）組團訪問大陸之後，才重新開啟中國與印尼的直接貿易關係。[98]由此可見，中國是以經濟需求做為與印尼重

96　陳欣之，東南亞安全（台北：生智文化，1999 年）：33。

97　蔡東杰，當代中國外交政策（台北：五南圖書，2008 年）：85。

98　Sukamdani S. Gitosardjono, *Dinamika hubungan Indonesia-Tiongkok di era kebangkitan Asia* (Jakarta: Lembaga Kerjasama Ekonomi, Sosial, dan Budaya Indonesia-China, 2006), 36-37.（印尼文）

建外交關係之主要理由，並透過經貿的交流活動，更進一步地鞏固雙方的外交關係。

　　不過，當時印尼與中國雙方還未重建正式的外交關係，而到了 1990 年 8 月中國前總理李鵬訪問印尼，才讓印尼政府轉變自 1967 年以來，對中國政府的不信任與懷疑，以及恐懼共產黨之態度。中國與印尼關係的改善與恢復，應屬於中國改善與東南亞國家關係之一環；因為中國自 1978 年實行改革開放政策後，於 1980 年代對東協國家的關係也開始逐步改善與加強，並與東南亞的民主國家建立起外交關係（詳如表 3）。1988 年中國更提出與東協國家發展關係的四項原則：

第一、在國家關係中，嚴格遵守和平共處五原則。
第二、在任何情況下，都堅持反霸權主義原則。
第三、在經濟關係上，堅持平等互利和共同發展原則。
第四、在國際事務領域，遵循獨立自主、互相尊重、密切合　　　作、互相支持的原則。[99]

　　這些中國與東協國家間所共同遵守的協議，可以說是當時國際情勢發展下的產物，也就是說國際局勢的變化除由過去冷戰時代的現實主義主導之外，也逐漸有受到建構主義的影響，世界各國均有感於在政治、經濟、安全領域之外，國家間的關係因為相互間所處的國際地位及交流的需要，使得對於文化、國際規範等的認知慢慢開始提高。

99　李寶俊，當代中國外交概論（北京：中國人民大學出版社，1992 年 12 月）：181。

表 3　中國與東南亞國家建交時間表

東南亞國家	與中國建交時間
越南	1950.01.08
印尼	1950.04.13　（1967 外交關係中止）
	1990.08.08 復交
緬甸	1950.06.08
柬埔寨	1958.07.19
寮國	1961.04.25
馬來西亞	1974.05.31
菲律賓	1975.06.09
泰國	1975.07.01
新加坡	1990.10.03
汶萊	1991.09.30

資料來源：李文、陳雅慧，「中國與東南亞國家關係的全面改善及其動因」。

二、中國改革開放後開始修復與印尼的外交關係

　　若從中國的著名外交部長錢其琛對外交工作之看法觀之，其曾將中國與前蘇聯的外交和解，以及處理中國與中南半島國家間的紛爭等問題，做為中國對外關係發展的重要進展與突破。[100] 顯示和平與合作的外交概念在中國改革開放後，已成為北京政府的外交戰略主軸。當然中國與印尼的外交關係在中國改革開放後有了明顯的轉變，而且在此同一時期，包括印尼在內的東南亞國家的外交政策也基於現實利益，已逐漸緩和各國原來的反共立場，使考量經濟利益之

100　錢其琛，外交十記（北京：世界知識出版社，2003 年 10 月）：11-16。

戰略思維超越了過去的意識形態，開始嘗試著與中國開啟交往與互動的大門。[101] 所以除了中南半島上原來的共產主義國家於 1950 年代即與中國建立了外交關係之外，其餘的馬來西亞、菲律賓、泰國、新加坡及汶萊等國，則先後分別於 1980 年代才陸續與中國建立正式外交關係，至於印尼則更遲至 1990 年才與中國恢復正式外交關係。

由於 1965 年在印尼國內發生了「930 事件」，使得印尼擔憂中國可能繼續支持印尼共產黨，或者中國共產黨會運用印尼國內的共產黨來影響印尼政治，因此印尼對中國開始抱持懷疑的態度。[102] 其實自 1965 年迄 1998 年曾在印尼發生過多次的社會騷亂事件，由於受害者多數為華裔民眾，從外界看來，認為這都是「排華」事件，這與中國和印尼外交關係凍結有關，印尼華裔人士不能求助於中國的保護，於是受到了印尼當地原住民族的排擠。尤其是在這一段期間，印尼政府嚴格規定印尼華裔人士不論舉行任何活動，均禁止使用中文；這樣的情況要一直延續到印尼前總統蘇哈托（Suharto）於 1998 年下台後，印尼政府才逐漸放寬使用中文的規定。以上充分顯露出印尼對華裔人士可能立場傾向中國感到非常擔憂。就算是到了今日，因中國近年國力快速成長，對東南亞的影響力日益增高，也間接促使印尼政府不得不繼續關注其國內華裔人士的相關動態。

101　王良能，中共崛起的國際戰略環境（台北：唐山出版社，2000 年）：298-303。

102　國防部史政編譯室譯，Richard Sokolsky, Angel Rabasa, C. R. Neu 合著，東南亞在美國對中共策略中的角色 (The Role of Southeast Asia in U.S. Strategy Toward China)（台北：國防部史政編譯室，2001 年）：54-55。

中國的崛起及其經濟實力目前能夠快速的發展，其實都要歸功於 1978 年的鄧小平推動改革開放政策，讓中國開始增加與國際社會的接觸與往來，當然就間接地促進了中國開始與許多的民主國家建立起外交關係。由於中國市場的開放，讓印尼政府感受到與中國發展關係可以獲得利益，特別是中國的廣大市場將有利於印尼產品的銷售。誠如印尼智庫「國際關係研究中心」（Centre for Strategic and International Studies Indonesia，簡稱 CSIS Indonesia）學者 Hadi Soesastro 分析的印尼與中國關係發展歷程，認為印尼希望恢復與中國關係實乃考量以下理由：

第一、中國對外開放且國力開始增強，印尼與中國這個大國發展關係是理性的。

第二、印尼與中國這個區域大國發展關係，將有利於印尼在區域內扮演更重要的角色。

第三、印尼希望與中國進行直接貿易，需要與中國發展關係。[103]

上述印尼學者的理由，可以說明印尼政府是基於對未來在與中國交往可以獲得利益來考量雙邊關係的發展，特別是中國擁有的廣大市場開始向國際開放，如果印尼未能與中國改善關係，將有可能失去前往中國市場賺取利益的機會。

---

103 Hadi Soesastro, *After the resumption of diplomatic relations: aspects of Sino-Indonesian economic relations* (Jakarta: Centre for Strategic and International Studies, 1991)：1-15.

第三節　印尼與中國邁向戰略夥伴關係（1991-2005）

　　由於印尼係在中國進行改革開放後至 1990 年期間加緊改善雙邊關係，才逐步解凍雙方自 1967 年以來的關係中斷時代。印尼與中國願意恢復雙邊的外交關係，主要因素就中國方面而言，是為了發展國內經濟的需要；因為過去中國曾經大量自印尼進口木材及工業原料等天然資源，所以才使得經貿領域的合作成為該兩國後來能夠恢復外交關係之重要基礎。[104] 嗣後中國與印尼才能自然地在 1990 年 8 月順利重新復交，儘管之後於 2005 年印尼與中國建立戰略夥伴關係，但是因為印尼長期以來採取了反共立場，因此仍然對中國秉持較為謹慎的交往態度。

一、戰略夥伴關係是印尼與中國關係發展的里程碑

　　印尼與中國的關係在正式復交後快速地發展，以復交前後的 10 年時間來比較，雙邊的貿易量也迅速地由 1980 年約 5 億美元，成長到 2000 年約 75 億美元；當然，在同一時期的雙邊政治關係也隨之大幅度的改善。但是，也曾有印尼的國內學者認為，因為印尼對中國出口產品多為石油、天然氣、木材等天然資源，而印尼卻是向中國進口成品或半成品，在這種情況下，印尼與中國若持續提升貿易關係，恐

104　Bob Widyahartono, "Perkembangan Hubungan Ekonomi Antara China dan Indonesia," *KOMPAS*, 26 November 2007（印尼文）

　　將會打擊到印尼未來的工業生產能力。[105]不過，中國的國力
仍然持續增長，印尼因已具備區域大國地位，因此，逐漸地
瞭解到其本身所處的競爭情勢；若印尼未來要在亞太地區佔
有一席之地，確實需要與中國維持著友好的外交關係。故印
尼基於國家總體政治與經濟利益考量，還是必須基於「互助
合作」的精神，繼續與中國發展更密切的關係。

　　自上一世紀末冷戰結束後，國際上東西方兩大陣營的對
抗形勢也隨之改變，主要大國為繼續維護各國自身的利益，
當然仍會希望尋求對本國友好，而且可以與之進行結盟的國
家，以共同合作的方式來提升彼此聯合之競爭力；或者是希
望在包括政治、經濟、安全等領域內，當共同面對外來的潛
在威脅時，可以一起發揮較大的反應能力。因此，國際上兩
國間協議建立戰略夥伴關係之現象隨之興起，而且愈來愈受
到許多大國的投入；當然中國主要是為了抗衡美國在區域的
霸權地位，積極推動中國與世界主要力量及潛在大國發展戰
略夥伴關係。[106]而印尼具有發展成為區域大國的潛力，自然
地會是中國加強關係與建立戰略夥伴關係的目標國家。

　　中國前國家主席胡錦濤曾於 2005 年 4 月 25 日參加在
印尼舉辦的「亞非會議五十週年」紀念慶典後，隨即便與當
時的印尼總統蘇希洛（Susiro Banbang Yudoyouno）簽署兩

105　Hadi Soesastro, "Hubngan Indonesia-Cina Mana Dagingnya?" *KOMPAS*, April
　　2002,（印尼文）

106　翁明賢、吳建德、王瑋琦、張蜀誠主編，新戰略論（台北：五南圖書，2007
　　年）：229-230。

國建立戰略夥伴關係。[107] 不過當時的印尼還未完全降低對共產主義的擔憂，以及印尼國內的經濟活動仍大部分掌握在其國內的華裔人士手中，印尼政府唯恐國內的華人會協助中國擴大對印尼的影響力，所以在印尼與中國建立戰略夥伴關係之後，未如外界所預期的大幅提升合作關係，以及增進該兩國間的關係發展。[108] 印尼與中國關係的真正開始顯著提升，則要經過一段建立互信的時間，起初印尼還是對與中國交往抱持審慎的態度，所以才於 2013 年為了強化印尼與中國的戰略夥伴關係，而進一步地簽署「全面戰略夥伴關係」，做為該兩國在 21 世紀雙方在各領域合作的重要基礎。

二、印尼基於「互助合作」外交與中國發展戰略夥伴關係

　　印尼與中國自建交以來，雙邊關係發展雖然歷經了不同階段的親疏起伏，但是對於印尼而言，雙方交往大多是由中國方面提供印尼援助。例如在該兩國關係緊密時期的年代，中國就曾於 1958 年 4 月間提供印尼大米等貸款，對印尼貸款約 1100 萬美元；1960 年 10 月中國提供印尼無息貸款，協助印尼在萬隆地區建立部分棉紡織廠；1961 年 3 月，中國亦曾提供印尼採購軍事物資的援助貸款 3000 萬美元。其中在中國對印尼的軍事物資援助貸款裡，曾於 1963 年修定

107　中國外交部網站，「胡錦濤出席紀念萬隆會議召開 50 週年活動」，參閱 <http://www.fmprc.gov.cn>（2017 年 12 月 31 日）。

108　Abdul Baqir Zein, *Etnis Cina dalam potret pembauran di Indonesia* (Jakarta: PT. Prestasi Insan Indonesia, 2000), 63.（印尼文）

協議提高援貸金額，雙方簽訂議定書規定中國向印尼提供軍事貸款751萬美元；1958至1965年中國再對印尼援款約2.15億美元，以及1965年中國另提供印尼可兌換貨幣貸款5000萬美元。[109] 這些都成為印尼與中國早期關係密切時，中國做出對印尼的外交政策，似乎符合印尼的「互助合作」外交；而上述中國的作法，也維繫了1950至1960年代印尼與中國的密切關係（詳如表4）。

表4　中國於1950至1960年代對印尼的援助

年代	援助內容	援助情形
1958年	購買大米貸款	1100萬美元
1961年	援助採購軍事裝備	3000萬美元
1963年	援助印尼採購中國軍事裝備	751萬美元
1965年	提供可兌換貨幣貸款	5000萬美元

資料來源：李一平、曾雨棱，「1958-1965中國對印尼的援助」。

印尼於1990年與中國恢復中斷多年的外交關係後，更進一步於2005年雙方簽署建立「戰略夥伴關係」，這樣印尼可以再度回到過去雙方關係緊密時期，中國給予印尼諸多援款協助的時代。由於印尼與中國兩國外長簽署恢復外交關係公報，宣布於1990年8月8日起恢復長期中斷的外交關係後，並簽署瞭解決印尼所欠中國債務問題協定，這是中國對印尼表現出的最大善意。但是雙方關係並未因此有快速

109　李一平、曾雨棱，「1958-1965中國對印尼的援助」，南洋問題研究3期（廈門：廈門大學東南亞研究中心，2012年）：28-30。

進展的趨勢，而是要等到該兩國逐漸建立互信之後，才於2000 年發表包括經貿關係與經濟技術合作，以及其他領域合作之聯合聲明，此時中國與印尼才有了較廣泛的合作。[110]也為之後在 2005 年 4 月 25 日建立戰略夥伴關係，奠下了良好的關鍵基礎；不過，就算時至今日，印尼對於中國的關係發展，仍還是會因為中國的共產黨政權，而採取較為謹慎的態度。

　　從以上的印尼與中國交往情況觀之，該兩國的互動大部分是中國提供給印尼援助，也就是印尼能從和中國的合作上得到較多的利益，此種模式似甚符合印尼傳統的「互助合作」。然而印尼在 2000 年民主化後，其國內政治發展也同時會受到互助政治模式的影響，使得互助政治間接地影響到印尼對中國外交政策之轉變，也促成印尼基於「互助合作」之精神，進而願意與中國建立戰略夥伴關係，甚至擴大雙邊合作，以及發展更緊密的關係。反觀中國方面，近年來也已開始著重於帶有「互助合作」精神的總體外交，即希望除正式政治外交活動以外，亦能發揮其他領域的對外交往活動做為輔助的力量；尤其是中國已開始加強其外交的軟實力，包括文化活動與民間交流等，希望藉此共同來為中國的外交工作提供正面影響與成效。[111]這樣的作法將為中國的外交活

110　中國外交部，「中國印尼雙邊關係」，<http://www.fmprc.gov.cn/web/gjhdq_676201/gj_676203/yz_676205/1206_677244/sbgx_677248/>（2018 年01 月 10 日）。

111　裴遠穎，「中國外交戰略與構建和諧世界」，張德廣編，變動的世界與中國外交（北京：世界知識出版社，2008 年 2 月）：9-11。註：裴遠穎為中國前駐印度及波蘭大使。

動，帶來新的視野，也更有利於中國官方擁有多元的管道，展現其在雙邊甚至是多邊的互助合作國際形象，強化與國際社會溝通與接軌的成果。

習近平於 2013 年 10 月間訪問印尼時，在與當時的印尼總統蘇西洛（Susilo Bambang Yudhoyono）進行會談時，雙方即已同意提升兩國關係為全面戰略夥伴關係，並加強多項領域的合作，主要包括：

第一、在雙方重大關切問題上的相互支持，以及加強雙方的戰略互信。

第二、加強協助印尼的基礎設施建設、製造業、農業、投資等領域之合作。

第三、雙方加強海上的合作事項，建立官方的漁業合作機制，並啟動有關漁業捕撈安排的談判。

第四、另透過防務的磋商，以及海軍對話機制，來深化雙邊，以及中國與東協的安全合作。

第五、擴大人文、青年、媒體、宗教及智庫等交流，並加強旅遊合作。

第六、在區域與國際問題上加強協調合作，推動中國與東協的戰略夥伴關係發展。[112]

直到此時，才能看出印尼開始以開放的態度來與中國交往，並也能逐漸將該兩國的關係發展繼續向上提升，以符合印尼與中國所建立的「全面戰略夥伴關係」之內涵。

112　人民網，「中國印尼關係提升為全面戰略夥伴關係」，<http://politics.people.com.cn/n/2013/1003/c1024-23099073.html>（2017 年 12 月 31 日）。

第四節　小結

　　印尼與中國關係發展中的重要轉折點，應該要算是發表恢復外交關係諒解備忘錄的那一年。[113] 綜觀印尼與中國關係的發展歷程，其中有一大段的時間是屬於關係中斷期，這在世界上很多國家彼此間的交往關係裡是非常少見。雖然可以推說是受到當時國際冷戰情勢的影響，但因為印尼國內有很多的華裔人士，尤其印尼是東南亞國家中華裔人口最多的國家，這種情況也使得印尼與中國的關係更顯複雜。近年來因為中國的快速崛起，讓印尼政府非常憂慮其國內的華人會否立場傾向中國，將不利於印尼國內的民族融合，以及對印尼的經貿發展產生負面的影響。

　　儘管印尼與中國的關係曾經歷過長期中斷時期，但是回顧印尼與中國過去的交往歷史，會發現到其實印尼與中國也有過關係緊密的交往年代。尤其是中國在其建政初期為了爭取國際的承認，所以很快地也對印尼的獨立給予承認，以及反過來爭取到印尼對北京政府的外交承認。印尼與中國就在這樣的國際氛圍之下，迅速地加強雙邊關係；嗣後到了 1955 年召開的「萬隆會議」，可以說已經達到了該兩國關係發展的頂峰，如果沒有國際冷戰局勢的變化，印尼與中國的關係發展有可能一直延續至今日，甚至會更為密切與鞏固。不過，儘管歷史不是這樣發展，惟從現在的情勢來反觀

113　新華社新聞網，「中國政府和印尼政府關於恢復外交關係的諒解備忘錄（1990 年）」，<http://big5.xinhuanet.com/gate/big5/www.xinhuanet.com/newscenter/ztlpcfytsg.htm>（2015 年 2 月 1 日）。

過去，當時的印尼與中國關係緊密的經驗，也成為現在印尼與中國可以建立「戰略夥伴關係」，以及更加提升成為「全面戰略夥伴關係」之重要基礎。

由於上一（20）世紀 70 年代至 80 年代國際冷戰情勢的激烈發展，使得印尼在需要美國等西方國家的安全保障下，並逐漸對西方國家的經濟發展有了依賴，印尼不得不加入西方民主國家陣營，採取了反共的立場，成為國際反抗共產主義擴張的成員之一。當然因為印尼在政治上的反共態度，使得印尼與中國的外交關係進入到一段 30 餘年的停滯狀態。就算是在印尼與中國關係中斷的期間，該兩國間還是需要少數的貿易，以及仍然還是可以有彼此的民眾透過第三地低調的往來，尤其是印尼的華人逐漸成為印尼與中國有可能再次恢復關係之橋樑。所以當冷戰接近尾聲，國際局勢有了轉折變化的時候，印尼與中國便在 1980 年代末期開始增加接觸的機會，也為之後的 1990 年印尼與中國恢復外交關係打前鋒。

儘管印尼已與中國建立了「戰略夥伴關係」，甚至又於 2013 年提升為「全面戰略夥伴關係」；但因印尼過去長期採取反共立場，所以短期內還無法很快地與中國發展緊密的外交關係，迄至目前應該還算是互信已建立，試著加強全面關係的階段。因為不論是印尼或是中國，彼此間的交往均有各自的考量，而在經濟全球化與國際互動頻繁的現代，印尼與中國關係的逐步提升已是既定的趨勢，除非國際上再次

出現類似過去冷戰發生的原因，當然這樣的機率是相當的低。對印尼而言，在與中國的關係發展上，目前印尼是處在一個轉變的時期；因為印尼還是需要繼續與過去極為依賴且關係良好的西方民主國家往來，但是眼見中國的國力迅速增強，在區域及國際之地位也逐漸提升，印尼基於自身國家利益的考量，有需要開始與中國發展友好關係，甚至恢復到過去印尼與中國關係親密的年代。

　　不論過去或今日，中國對印尼是極盡拉攏。在 1960 年代印尼與中國關係交好時，中國多給予印尼協助與合作，包括各種的援助貸款。而近期在印尼與中國建立緊密的「戰略夥伴關係」後，中國也還是參照過去與印尼交往的經驗，提供印尼多項優惠的合作條件，包含了中國主席習近平於 2013 年訪問印尼時所提出的加強「全面戰略夥伴關係」合作項目。對印尼而言，如果中國給予印尼更多優惠的條件，則意味著印尼將從與中國的交往與合作當中，獲得更大的利益；那麼印尼基於其與中國的合作關係已符合印尼傳統的「互助合作」精神，自然更有意願提升其與中國的關係。

第四章　印尼考量與中國關係發展之因素

　　由印尼與中國的政府部門所記載有關兩國外交事件歷史，以及就官方的外交事務出版品之內容來觀察，均已反映出印尼與中國對雙方關係的基本立場，還有當時進行交往的條件限制，並可以歸納出雙方擬定外交政策時有關「互助合作」考量的因素。其中包括了印尼與中國的建交公報、復交聯合宣言、建立戰略夥伴關係的簽署內容，以及相關的合作協議等，均具有一定程度的客觀連結與參考（詳如附錄）。大陸學者在研究中國與印尼的關係發展時，較著重於雙方的經貿關係，尤其中國與印尼自 1950 年 4 月 13 日建立外交關係後，印尼成為第一個與中國建交的東南亞國家，該兩國也在 1953 年 11 月簽署了首項貿易協定。[114] 但是卻在 1967 至 1990 年印尼與中國關係歷經「凍結」時期，而要到 2005 年建立「戰略夥伴關係」後，雙方關係才算開始提升。因此，有關印尼與中國外交關係的轉變，有其特殊之因素。綜合看來，在經貿交往上，多為中國提供印尼經援，或是技術合作；而印尼則是對中國表示外交上的政治支持，可以將此視為印尼是以「互助合作」外交模式來考量其與中國的關係發展。

114　聶德寧等著，全球化下中國與東南亞經貿關係的歷史現狀及其趨勢（廈門：廈門大學出版社，2006 年 3 月）：184-187。印尼與中國簽訂第一項貿易協定後，不再遵守聯合國對中國的禁運，印尼開始向中國出口橡膠，並主張中國在聯合國之合法地位。參閱陳元中、陳兵，「中國與印度尼西亞政治關係的歷史發展」，廣西民族大學學報，28 卷 2 期（廣西：2006 年）：90-91。

第一節　印尼與中國建立互信提升關係

　　由於印尼與中國外交關係的發展，經過了一段特殊的所謂「凍結」時期，因此該兩國若想要在恢復外交關係後加強交流，實需要從建立起「互信」做為開始，才能將原先彼此間的相互懷疑心態逐步降低。所以印尼與中國於 1990 年復交後，兩國的外交關係並沒有立即提升，而是到了 2005 年雙方經過一段時間的試探性往來，才利用印尼舉辦慶祝「亞歐會議」（Asian-African Conference）50 週年之機會，展現出印尼與中國關係開始增溫，同時兩國簽署了「戰略夥伴關係」。但仍未見印尼與中國關係的明顯提升，近年來中國持續協助印尼國內的經濟建設，在具有印尼「互助合作」特色的外交關係情況下，印尼願意與中國發展出後來的「全面戰略夥伴關係」，證明該兩國間確實已經建立了一定程度的互信基礎。

一、印尼化解對中國的凍結關係

　　國際環境的變化深深地影響到中國的外交政策，北京政府自 1949 年建政以來的外交政策，儘管中國學者與國際關係研究專家有不同的觀點，但是仍可明顯的分成幾個時期。大致上來說，多以 1980 年代大陸改革開放之前與之後，做為兩個不同發展時期的分野，則是較為趨近的觀點。也就是從 1949 至 1970 年代中期，中國共產黨因具有革命的社會主義色彩，對外政策傾向於執行國際主義的統一戰線；而 1970 年代後期鄧小平開始主政，中國則以建設具中國特色

的社會主義國家為目標，其國內主要為實現工業、農業、國防與科技等四個現代化為主的建設政策。對外則以反霸、維護世界和平，以及採取和平共處五原則，做為訂定其外交政策之依據。[115] 故在中國實行改革開放政策後，其國家形象也開始逐漸轉變，可以說從先前的共產黨專制極權國家，朝向開始修正為願意與國際溝通，甚至與世界接軌的開發中國家邁進。

　　上述的分期雖然稍顯簡略，但這樣的看法，卻可以明顯的指出國際情勢如何間接地影響到印尼與中國關係的發展與轉變。也因為就是在上一世紀的 80 年代末至 90 年代初期的冷戰結束之前，中國標榜共產主義革命，使得多數東南亞國家因為美國的支持，採取了反共的立場，印尼在這一時期必然會與中國疏遠。特別是自 1967 年在印尼發生了疑似該國共產黨奪權的「930 事件」後，印尼基於懷疑其國內的共黨分子可能涉案，連帶對中國的共產黨政權不信任，才凍結了印尼與中國的雙邊外交關係。而在全球冷戰氣氛濃烈的年代，中國是一個人口眾多的共產黨大國，印尼因持反共的立場，根本無法公開地與中國進行交往。

115　中國基於國際情勢變化及社會主義陣營的分化，加上中國威脅論之影響，過去曾做過多次重要的政策調整：在 1980 年代前的 50 年代為聯「蘇」反「美」的「一邊倒」，60 年代為「反美帝與反蘇修」，70 年代為「聯美反蘇」，80 年代為「和平發展的全方位外交」，以及 90 年代後鄧小平的「韜光養晦、有所作為」。參閱楊公素、張植榮，當代中國外交理論與實踐（北京：北京大學出版社，2009 年 10 月）：54。

　　由於前蘇聯的垮、冷戰結束後，一般咸認，國際格局有可能會走向多極化方向發展。[116]中國除因改革開放後國力有明顯的上升外，此時也更為積極地實踐其向來即主張的「睦鄰友好」外交政策，不但與東南亞國家提升關係，同時亦包含對南亞的印度改善關係，以及發起並參與最被國際關注的「上海合作組織」（The Shanghai Cooperation Organization，簡稱 SCO）等。[117]在這樣的國際氣氛下，亦間接地有助印尼與中國於 1990 年能夠恢復雙邊外交關係，並逐漸增進互相的信認。不但是在 2005 年中國與印尼共同簽署建立「戰略夥伴關係」，甚至是到了 2007 年期間，雙方更開始洽商雙邊「戰略夥伴關係共同行動計畫」（詳見表 5）。[118]這些都是在中國國力提升與加強對外經貿交流活動之後，中國的國際形象出現大幅改善，此後也使得印尼可以與中國加強關係，並建立更進一步的互信，真正地化解該兩國長期以來的凍結關係。

116　部分西方學者認為，在「911 事件」後國際體系已經發生新的變化，美國雖仍可維持唯一超強，但已不再是凌駕於潛在對手的強權，國際體系的變化可能由「單極」轉為「多極」的過程。參閱 Schweller, Randall and Xiaoyu Pu. "After Unipolarity: China's Visions of International Order in an Era of U.S. Decline." *International Security* 36:1（2011），41-42.

117　上海合作組織（簡稱「上合組織」）是由中國、俄羅斯、烏茲別克、塔吉克、哈薩克等國於 2002 年在上海宣布成立。其前身是上海五國機制，2002 年上合組織在聖彼得堡峰會上簽訂「上海合作組織憲章」，於 2003 年 9 月 19 日生效。2017 年 6 月 8 日，印度與巴基斯坦加入成員國。該組織宗旨為加強成員國間的互信與睦鄰友好；並在政治、經貿、科技、文化、教育、能源、交通、旅遊、環保及其他領域進行合作。參閱上合組織官網（The Shanghai cooperation organisation），<http://chn.sectsco.org/about_sco/>（2017 年 12 月 31 日）。

118　中國外交部，中國外交（北京，中國外交部，2008 年）：23。

表 5：2010 年印尼與中國簽訂「戰略夥伴關係共同
行動計畫」內容

中印簽署兩國關於落實戰略夥伴關係聯合宣言的行動	
增進戰略互信	維繫高層交往，充分利用副總理級對話等機制進行戰略對話，並就重大問及時溝通協調。印尼重申堅定奉行一個中國政策，支持兩岸關係和平發展。
深化經貿合作	共同推動中國與東盟自貿區建設，實現互利共贏，並以此為契機，拓展兩國在貿易、基礎設施建設、能源資源開發等領域之合作。印尼則歡迎中國企業前往投資。
擴大人才交流	啟動「中印尼友好年」活動，通過舉辦豐富多彩的社會文化交流活動，增進兩國人民間的相互瞭解和友誼。
加強安全執法合作	開展兩軍互訪，擴大人員培訓合作，並適時舉行反恐聯合訓練和演習，深化打擊跨國犯罪和海上執法合作。
多邊事務密切配合	共同推動中國與東盟關係發展，加強在聯合國框架內的溝通與協調，共同應對國際金融危機，並促進地區經濟定增長。

資料來源：<http://www.asean-china-center.org/2010-01/22/c_13360815.
htm>（2019 年 5 月 2 日）

二、中國淡化共產黨的形象

　　不可否認的，近年來中國的國際形象已逐漸有了國際大國地位的影子，因為中國共產黨自從 1949 年建政以來，即以革命輸出做為對外政策之主軸，受到國際上民主國家反共的影響，將中國地區封鎖在自由世界之外，雖然中國的人口眾多，資源豐富，但始終無法展現大國地位。尤其是 1950 年代北京政府的一面倒向前蘇聯，之後又積極採行公有制、大躍進、人民公社等建設社會主義共產國家之政策，使得北京成為一個共產極權的政府。美國因為要防堵中國在亞洲的向外擴張，開始鼓勵東南亞國家結合起來共同反共，以維護區域安全為主要宗旨的東南亞國家聯盟隨後也在 1967 年成立，美國也因此對東南亞國家擁有了重要的影響力。當然中國的對外國際形象，就一直處於一個被西方國家所塑造的封閉與落後，並由共產黨執政的國家。因此，中國如果想要與外界建立良好關係，改變國家形象成為最重要的一項挑戰。

　　中國自 1978 年開始了改革開放的政策，由於對外開放的需要，因此中國開始轉而關注其與區域國家的關係發展，其中的東南亞國家是中國對外發展關係之主要重點；尤其美國的影響力在 1970 年代隨著越戰的結束，而逐漸退出亞洲，此亦給予中國有對外發揮更大影響力的機會。[119]中國也就在這一時期逐步地與東南亞國家建立了外交關係，而印尼是在其他主要的東南亞國家與中國建立正式官方關係後，才

119　陳健民，兩岸關係中的美國因素（台北：秀威出版，2007 年 6 月）：49。

於 1990 年打破長期以來與中國的凍結關係，恢復兩國正式外交往來。[120]印尼的考量，應可視為印尼認為中國的國際形象已經轉變，因為中國的改革開放政策已漸具成效，當時中國對印尼的貿易還需要透過香港來中轉，所以觀察印尼與中國恢復關係之原因，其中直接貿易的需求成為關鍵的因素之一。因為在 1985 年 4 月間，中國前外長吳學謙訪問印尼並參加「亞非會議」30 週年慶活動，曾獲印尼總統蘇哈托接見，蘇哈托當時同意基於中國與印尼需要直接貿易，於同年的 7 月 5 日簽署雙方直接貿易備忘錄。[121]印尼政府係以 1985 年印尼總統第 9 號令頒布，印尼考量推動國際貿易之需要，同意印尼與中國進行直接貿易（如附錄二）。

　　雖然中國的國力逐漸上升，以及國際地位受到全球重視，但中國的國際形象卻未隨之改變；因此促使中國領導層對國際關係發展之看法，開始有了新的轉變，改變了過去「反美、反帝」的思維，而於 2007 年提出所謂的「新安全觀」，其主要的內涵即在於實踐「互信」、「互利」、「平等」與「協作」。[122]希望藉由參與區域的建設與發展，表現新的和平與發展之國家形象，來促進中國與周邊國家的互動關係；其中的「互利」，又特別符合印尼的「互助合作」之

120　中國與主要的東協國家建交時間如下：新加坡，1990 年 10 月 3 日；泰國，1975 年 7 月 1 日；菲律賓，1975 年 6 月 9 日；馬來西亞，1974 年 5 月 31 日。參閱宋鎮照，臺海兩岸與東南亞：三角政經關係之解析（台北：五南圖書，1999 年）：96。

121　程畢凡、謝陳秀瑜主編，中國與東盟國家經濟關係現況和發展趨勢（北京：中國社會科學出版社，1988 年）：5。

122　中國外交部，中國外交，頁 27。

精神，因此特別能夠吸引到印尼等東南亞國家之青睞。嗣後因 2010 年「中國與東協自由貿易區」的成立，以及「東協加一」的順利推展，使中國的改造國家形象之政策，似乎已經有了一定的成效。

至於東南亞對中國的重要性，則可在習近平於 2013 年 10 月間北京召開的周邊外交工作會議內容中看出。因為當時習近平在會議上，曾強調要做好新形勢下的周邊外交工作，要為實現所謂的「中國夢」之發展，爭取良好的周邊環境與情勢。同時，特別主張要將中國的發展成果向外惠及於周邊的國家，來達到多邊共同發展的目標。[123] 此可以視為中國在對外關係上開始邁入新的里程，且即將要有新作為；除了加強對中國的鄰國進行交往與合作外，也應該會以提出優惠政策為手段，來提升與各國的各種形式之戰略夥伴關係。中國這樣以經濟利益惠及周邊國家的作法，與印尼重視的「互助合作」似有呼應之處，對於包括印尼在內的東協國家而言，中國的國家形象似已經完全朝向正面形塑與提升的方向上發展。

其實，中國與印尼於 2005 年即已簽署了「戰略夥伴關係」。[124] 不論中國如何的積極改善對外的國家形象，但因當

123　參閱中國國家主席習近平在周邊外交工作座談會上發表重要講話內容。新華社新聞網，<http://big5.xinhuanet.com/gate/big5/news.xinhuanet.com/politics/2013-10/25/c_117878897.htm.>（2017 年 10 月 25 日）。

124　中國與印尼於 1990 年復交，雙邊關係全面恢復，中國前國家主席胡錦濤於 2005 年 4 月 25 至 26 日訪問印尼，與印尼前總統蘇西洛在雅加達簽署「戰略夥伴關係」。參閱中國外交部，中國外交 2005（北京：世界知識出版社，2006 年）：134。

時印尼政府仍對北京政府的共黨專制政權存有疑慮，故未能
積極地提升雙邊關係。儘管如此，印尼因為在中國極力改善
國際形象之情況下，已可以接受與中國達成雙邊的戰略夥伴
關係協議。此即顯示長期以來影響印尼與中國關係發展的一
些因素，包括民主政治與共產主義的意識形態差異，兩國社
會制度與經濟運作方式的不同，以及印尼國內有關華人族群
議題仍屬敏感等；但在中國的努力下，似乎已經逐漸獲得了
一定程度的緩和或紓解。並且有可能尋找到彼此相互適應的
方式，如此才能讓印尼與中國關係有進一步的發展。

第二節　印尼期在中國市場獲取較大經貿利益

　　在印尼與中國的關係發展歷程中，除了像印尼獨立初
期為了爭取北京政府的承認以及外交需求之外；另在印尼與
中國的雙邊貿易上的利益，也已成為中國進行改革開放後，
印尼與中國恢復邦交時兩國間的「互助合作」重點。因為印
尼境內的天然資源可以提供中國經濟的持續成長，而印尼也
可以透過與中國的貿易往來，將產品銷往廣大的中國市場。
同時，期望藉此由經濟的獲益來支撐印尼國內整體的經濟發
展；甚至於中國的「21 世紀海上絲綢之路」建設，亦將會
有利於帶動印尼的經濟成長與國家發展。

一、印尼華人已成為與中國經貿互動的橋樑

　　由於全球海外華人最多的地方就是東南亞，特別是在
印尼；因印尼國內民族的多元，而當地華人長期以來掌握著

該國主要的經濟活動，對其國家發展具有重要的關鍵影響力量，這樣的情況也使得印尼政府不得不對有關華人的活動與相關議題給予高度的關注。[125] 由於歷史上大陸的移民不斷地流向東南亞地區，並且華人也對東南亞各國的發展提供了重要的貢獻，其中最著名的即是在 15 世紀時所進行的「鄭和下西洋」活動。[126] 因此，基於華人在東南亞長期活動的歷史因素，也促使了現在的中國與印尼關係密切且充滿了複雜性。不過，因為元世祖忽必烈於 1291 年曾經派遣使節前往爪哇島時遭到羞辱，故而發兵攻打爪哇地區；雖然當時印尼方面得到了勝利，但是自從該事件發生之後，印尼人迄今一直都認為中國還是印尼安全威脅的來源之一。[127] 這也使得每當印尼政界與學界在提到有關國家安全問題時，都會將中國的因素放在裡面，似乎也間接的影響到印尼人的排華心理。

其實在歷史上，印尼發生過多次的所謂「排華」事件，尤其是上一（20）世紀的 60 年代，以反對當地共產黨掌政為名的印尼驅逐華人事件最受矚目。此外較近期的則是 1998 年 5 月間受到亞洲金融危機影響，造成當時印尼政局不安而引發的「五月騷亂」事件（印尼政府定名為

125　由於東南亞華人在當地生活的歷史源遠流長，各界對於華人的認定也大不相同，以至於使得統計華人人數的基準點差異甚鉅，對於東南亞的華人人數之統計數目可能在 3 千萬到 8 千萬之間。參閱莊國土，「東南亞華僑華人數量的新估算」，廈門大學學報，3 期（廈門：廈門大學南洋研究院，2009 年）：68。

126　方金英，東南亞「華人問題」的形成與發展（北京：時事出版社，2001 年 10 月）：7。

127　陳鴻瑜，東南亞政治論衡（二）（台北：翰蘆圖書，2001 年 6 月）：83。

Kerusuhan Mei／印尼文）。[128] 迄今仍是當地華人內心的陰影。但因中國的崛起，印尼政府基於戰略的考量，希望加強與中國間的經貿關係，期望藉由開發大陸市場的獲益來協助印尼國內的發展。因此，隨著 2000 年之後印尼政治的民主化改革，印尼政府已經開始承認華人是該國的民族組成分子之一，讓新生代的印尼華人可以積極地參與印尼的社會與政治活動，並出現了華人的參政團體，來爭取當地華人的權益，社會地位也明顯獲得提升。[129] 中國可以透過印尼華人的網絡關係，強化印尼與中國的經貿連結，並以透過分享中國經濟發展的戰略利益，進而拉攏印尼的親中立場。

　　此外，早期所謂的「國籍問題」，對印尼與中國的關係發展，是其中重要的影響因素。對於東南亞華人的國籍問題，中國於 1955 年「萬隆會議」後，與印尼等國政府簽署了相關協定，鼓勵東南亞華人歸化為當地國籍，中國因藉由解決華人國籍問題也與東南亞各國改善了關係，並希望以此能夠降低在各國的排華情緒。當時北京政府的決定，其實也有基於國力不足以保護境外華人之考量。[130] 儘管如此，華人議題已是中國與印尼交往不得不面對的重要問題之一。若印尼政府想運用華人的網絡也是戰略考量，印尼透過華人的中

128　Abdul Baqir Zein, *Etnis Cina dalam potret pembauran di Indonesia* (Jakarta: PT. Prestasi Insan Indonesia, 2000), 22-28. Chris Manning, Peter van Diermen, *Indonesia di tengah transisi: aspek-aspek sosial reformasi dan krisis*, (Yogyakarta: PT LKiS Pelangi Aksara, 2000), 314-319.（印尼文）

129　莊國土，二戰以後東南亞華族社會地位的變化（廈門：廈門大學出版社，2003 年 9 月）：217-225。

130　陳傳仁，海外華人的力量——移民的歷史和現狀（北京：世界知識出版社，2007 年 8 月）：230-231。

介來爭取大陸市場，以及吸引中國商人赴印尼投資等。例如印尼與中國恢復外交關係之後，由於印尼的部分華商祖籍多為中國福建，因此 1990 年代至 21 世紀初，印尼的首富林紹良等人即以大規模地對福建省進行投資，做為對家鄉的回饋，也對福建當地的經濟成長貢獻甚鉅。[131] 目前印尼華人在當地已成為搭建印尼與中國間關係發展的重要橋樑之一，特別是在中國提出所謂「一帶一路」的「21 世紀海上絲綢之路」戰略方面。[132] 就印尼來說，中國的政策若能為印尼的國民帶來利益，當然會符合印尼的國家利益，所以印尼與中國的「互助合作」在華人族群裡自然能夠實踐。

二、印尼與中國發展成為經貿戰略夥伴

印尼傳統的「互助合作」文化，可以說已滲入到印尼社會的每個角落裡，表現出包括維持和諧與控制衝突發生、濃厚的社會階層與秩序、強烈的互賴與互助精神、服從團體規範，以及婉轉的行動和溝通等的綜合文化傳統。[133] 過去東協於 1967 年成立之初，一開始僅有泰國、馬來西亞、菲律賓、新加坡及印尼等五個成員國，後來才有汶萊、越南、柬埔寨、寮國及緬甸等國陸續加入；由於東協組織經過了長期

131　王望波，改革開放以來東南亞華商對中國的投資研究（廈門：廈門大學出版社，2004 年）：68。

132　所謂「一帶一路」（One Belt And One Road）係中國國家主席習近平於 2013 年 9、10 月間提出的經濟戰略倡議，也就是「絲綢之路經濟帶」與「21 世紀海上絲綢之路」的簡稱。中央社，「一帶一路 習近平的國際戰略」，中央社新聞網，<http//www.cna.com.tw/news/can/201411030158-1.aspx.>（2014 年 11 月 17 日）。

133　江炳倫，亞洲政治文化個案研究，頁 117-121。

的運作，已逐漸形成現在所謂的「東協模式」（協商共識 /
ASEAN Way），也算是東南亞國家間之互助與合作的操作
方式，強調以外交手段並透過對話，來達成協調一致的和平
解決爭端模式。[134] 就像前述的維護和諧與委婉態度，這樣的
協商文化特性是促成東協整合的基本因素，當然與印尼傳統
的「互助合作」政治文化相關。因此這種屬於印尼及東南亞
國家的文化特質，非常有利於發展東協國家與其他國家間的
戰略夥伴關係。

　　印尼前總統蘇西洛曾於 2006 年 10 月間訪問中國，當
時蘇氏即曾表示願意與中國除了在已有的能源方面加強合作
之外，亦將在其他的領域，包括旅遊、區域事務以及國際事
務上，提升雙邊的互助與合作關係。[135] 這是印尼與中國簽署
戰略夥伴關係之後，印尼總統首次對該兩國關係發表合作
的立場與態度。當然在 21 世紀初，印尼才開始提升與中國
的關係，主要是希望與中國建立更為緊密的經濟合作關係，
因為中國的經濟正處於快速上升的階段，印尼希望可以分享
到中國發展的紅利。特別是自印尼與中國建立戰略夥伴關係
後，2005 至 2008 年雙邊貿易額便快速地成長。[136] 印尼與中
國的貿易高速成長其實是開始自 2001 年，每年約有 20％的
成長，尤其是 2008 年的最高峰是當年度雙邊的貿易額達到

134　白雪峰，冷戰後美國對東南亞的外交，頁 210。

135　2006 年的 6 月間印尼與中國在上海舉行了第二次的能源會談。參閱中國外
　　交部，中國外交（北京：中國外交部，2007 年）：130。

136　Eddy Soeryanto Soegoto, *Entrpreneurship: menjadi Pebisnis Ulung* (Jakarta: Elex
　　Media Komputindo, 2009), 39.（印尼文）

315 億美元。[137] 充分顯示印尼趁著中國改革開放後的經濟快速發展期，印尼與中國隨著兩國的經貿交流增長，更促成了雙方能夠進一步的簽署戰略夥伴關係，來繼續加強與抬升該兩國在其他領域的關係發展。

　　2014 年 10 月印尼總統佐柯威（Joko widodo）就職後，即在同年的 11 月出席 APEC 會議，藉此前往中國訪問，曾與習近平會面，佐氏也向習表示，印尼與中國雙方具有長期的友好關係，將落實未來印尼與中國的全面戰略夥伴關係。[138] 這是佐柯威首次訪問中國，宣示雙方關係發展的基本原則實屬自然，因為印尼與中國係於 2013 年簽署提升全面戰略夥伴關係，成為雙方最為重要的交往指導原則，一切關於該兩國的往來與合作，當然會依照上述的框架來進行。特別是印尼總統佐柯威在就職一年後又再次向習近平表示，印尼希望與中國進一步地加強所有領域的合作；嗣後於 2015 年 3 月間佐氏訪問中國時強力宣傳印尼的五年建設計畫，當時即獲得中國投資者的承諾，將會挹注印尼 680 餘億美元做為經濟發展之用，援助的項目包括了基礎設施建設、交通設施建設，以及海洋產業發展等。[139] 從印尼總統佐柯威向中

137　參閱中國國際貿易促進委員會 2014 年 12 月分析印度尼西亞對外貿易情況。<http://www.ccpit.org/Contents/Channel_3362/2014/1226/438013/content_4380 13.htm>（2017 年 12 月 31 日）。

138　佐柯威首次訪問中國並出席在北京舉行的 APEC 會議，同行有外長勒特諾（Retno Lestari Priansari Marsudi）、經濟統籌部長索夫亞恩（Sofyan Djalil）及財政部長班邦（Bambang Brodjonegoro）等。參閱中央社，〈佐柯威會習近平：落實戰略夥伴關係〉，中央社新聞網，<http://www.chinatimes.com/realtimenews/20141109002225-260408>（2017 年 11 月 18 日）。

139　中央社，「習近平佐柯威熱線，加強陸印合作」，中央社新聞網，<http://www.cna.com.tw/news/aopl/201506240118-1.aspx>（2017 年 10 月 1 日）。

國表示對雙方合作的積極期待觀之，儘管印尼與中國建立了
戰略夥伴關係，但該兩國關係應該還是處在未能即刻開展緊
密互動的階段。

表 6　印尼與中國近 10 年雙邊貿易狀況

年份	按美元計算（億美元）	
	印尼出口中國	印尼進口中國
2007	96.7	85.6
2008	116.4	152.5
2009	115.0	140,0
2010	156.9	204.2
2011	229.4	262.1
2012	216.6	293.9
2013	226.0	298.5
2014	176.1	306.2
2015	150.5	294.1
2016	167.9	308.0

資料來源：中國國務院商務部，<http://www.mofcom.gov.cn/>。

第三節　中國爭取印尼發揮對東南亞的影響力

由於中國的經濟成長，而間接地帶動了區域內東南亞國家的經濟發展，特別是 1997 年的亞洲金融風暴，以及 2003 年的 SARS 事件，中國仍能在該兩個時段均保持 9%以上的經濟成長，同時也支撐了東南亞國家的經濟發展。顯見東協國家的發展也需要依賴中國經濟發展的支援，雙贏與建立多邊利益架構已成為東協國家與中國的共同合作目標；因為中國需要東南亞地區的能源與各項天然資源來支撐其經濟的持續發展，而東協國家也需要中國的廣大市場。尤其以華人為主的東南亞經貿活動，展現出華人商業網絡已是中國與東南亞國家的經貿橋樑之特色。[140]中國所採行類似印尼的「互助合作」外交，正可以滿足其與東協國家交往之需求，反過來也可說是加深了中國對東南亞的影響力。

一、東南亞的和平穩定支撐中國的周邊安全

東南亞國家對中國而言，是一個重要的周邊地區，而中國近年來以「新安全觀」做為處理與周邊國家以及亞太事務之參考準則，其實踐之主要精神即在於以平等、互信與互利的原則和相關國家進行交往。[141]中國的周邊國家對其國家利益具有一定程度的重要性。跟據中國的學者分析，認為中

140　John Wong, "China's Economic Rise and Its Implications for Southeast Asia: The Big Picture," Edited by Leo Suryadinata, *Southeast Asia's Chinese Businesses in an Era of Globalization Coping with the Rise of China* (Singapore: Institute of Southeast Asian Studies, 2006), 46.

141　中國外交部，中國外交，頁 27。

國的基本國家利益應該是包括：

（一）確保國家的領土完整、主權獨立、民族團結，以及國
家的統一。

（二）確保中國的政治穩定與社會的安定，避免發生政治動
亂和社會混亂。

（三）實現中國的經濟持續穩定成長，並減少未來經濟發展
的風險。[142]

　　上述的中國國家利益之確保，實需要一個安全與和平
穩定的周邊國際環境，而東南亞地區就是中國周邊地區的重
要部分之一，維護與東南亞國家的和平與穩定之發展，當然
間接會影響到中國的國家利益之鞏固。

　　中國的國力日漸增強已引起周邊國家的重視，特別是
日本對於中國在東亞的快速崛起甚感憂慮，故亟思聯合美國
來「圍堵」中國。[143]2013 年 11 月中國在東海劃設防空識別
區引起美、日之不滿，尤其日本認為在美、日協防條約下，
中國此舉恐使美國將介入區域議題的爭端，也透露出中國的
發展似已非和平崛起。[144]再加上中國的航空母艦「遼寧艦」
也曾開往南海訓練，因為美國也有航空母艦戰鬥群在該海域
附近，因此被認為是向美、日等國示威。中國在複雜多變的

142　胡鞍鋼，中國發展前景（浙江：浙江人民大學，1999 年）：398-399。

143　邵軒磊，「中國威脅論之解析—以日本相關研究文獻為例」，中國研究 55
　　卷 3 期（台北：國立政治大學國關中心，2012 年）：100-101。

144　美國華盛頓郵報，「大陸應撤銷東海防空識別區」，中央社新聞網，<http//
　　www.cna.com.tw/news/can/201311270024-1.aspx >（2013 年 11 月 30 日）

周邊國際環境下，曾適時地召開所謂「周邊外交工作會議」，對外宣稱該會議是為做好新形勢下周邊外交工作而召開的一次重要會議。[145] 因此，中國在體認國際環境現況並訂定新的睦鄰政策之際，提升與印尼的戰略夥伴關係已是確定的發展方向，中國與印尼均將積極追求安全與利益的最大化。[146]

　　從中國的戰略角度來看，其所推動的睦鄰外交，以及構築中國在亞太地區周邊的安全環境，已成為中國在 21 世紀的外交戰略大方向；依據資深的中國外交官分析認為，中國對外宣傳將會堅持其為一個發展中國家的地位，絕不採妄自尊大的態度，要從維護世界和平與發展的觀點，來做一個負責任大國，並勇於承擔責任。因此，在國際經貿的領域中，中國會協助亞太地區國家的發展，俾使其成為中國經濟發展的關鍵地區。而在國際安全的議題上，也會扮演像「朝核危機」中的關鍵角色一般，以發揮做為一個維護亞太安全重要橋樑的作用。[147] 由此觀之，對中國言，印尼正處在亞太區域的一個重要環節上，印尼會在中國考量整體亞太戰略時，被視為鏈接中國與整體亞太戰略圖像的一個關鍵國家。而且中國勢必會以區域的國際戰略高度，來推動其與印尼的雙邊關

145　中國國家主席習近平在周邊外交工作會上發表重要講話，強調做好周邊外交工作，是實現「兩個一百年」奮鬥的目標、實現中華民族偉大復興的「中國夢」的需要，要更加有為地推進周邊外交，為中國發展爭取良好的周邊環境，使中國發展成果，更多的惠及周邊國家，以實現共同發展。新華社新聞網，<http://big5.xinhuanet.com/gate/big5/news.xinhuanet.com/politics/2013-10/25/c_117878897.htm. >（2013 年 10 月 25 日）。

146　Brian Schmidt, "Theories of US foreign policy," ed. by Michael Cox & Doug Stokes, *US Foreign Policy* (New York: Oxford University Press 2012)and 9.

147　楊公素、張植榮，當代中國外交理論與實踐：382-385。

係，甚至延伸至中國與東南亞國家的關係，這樣才會符合中國的整體國家利益。

中國近年來大力宣傳的「一帶一路」戰略，是企圖建立以中國為中心的經濟網絡，藉此來達成中國的國家利益，並支持其經濟發展。該戰略提供中國在國際上的領導地位之上升機會，讓其經濟影響力擴大到中亞、東南亞，甚至及於印度洋與非洲，最後更擴展至歐洲，勢將影響到各區域的權力平衡現狀。「一帶一路」戰略使中國的政治影響力藉由經濟合作與金融協助為手段，能夠滲入當地的區域事務。中國雖然是一再地重申其和平的外交作為，但因國力的持續增長，仍有可能成為改變世界秩序的關鍵因素之一。從另一方面來看，由於中國已是全球第二大經濟體，未來其經濟如果發生衰退，也將會更容易地影響到全球的經濟發展情勢。[148] 例如包括美、日等對中國經濟相當依賴的國際大國。[149] 因此，不論對印尼或中國來說，加強雙方關係的發展，均有各自的戰略考量，也將會影響到其他東南亞國家與中國的外交關係。

二、中國藉由印尼增進與東南亞國家關係

由於印尼係東南亞的大國，印尼的發展離開不了東南亞整體的發展趨勢，尤其在過去的冷戰期間，因中國外交政

148　中國國際貿易促進委員會，中國對外貿易第 2010 卷（北京：中國貿易雜誌社，2010 年）：10。

149　Hsin-Chih Chen, "Beijing's One Belt and One Road, Strategy: Visions, Practices and Impacts" (*Prospect Journal Taiwan Forum* 14, Taipei: Prospect Foundation, October 2015), 46-47.

策受到意識形態的主導趨向，西方國家為了反制中國，美國
聯合東南亞對中國進行圍堵，使東南亞成為中國與美國抗
衡及競爭之重要區域之一。[150]此現象亦反映在中國與印尼的
關係發展過程中，由於國際情勢變化的影響，加上中國與印
尼的戰略文化不同，也成為中國與印尼雙邊關係轉變的主
要因素之一。但是隨著情勢的改變，東南亞國家已逐漸對中
國改觀，尤其是 1997 年的亞洲金融風暴後，北京政府大力
的援助與支持東南亞國家的經濟復甦，使得東南亞從過去
冷戰時代的親美立場，逐漸轉換成東南亞國家的對外政策
趨向獨立。[151]美國對東南亞的影響力也已不如過去，中國當
然會趁此機會加強與東南亞各國的關係，特別是東南亞的大
國印尼，並可經由中國與印尼的合作而間接地影響其他東南
亞國家。據印尼中央銀行的分析顯示，印尼在 1997 年亞洲
金融風暴後，對外財經合作規模逐步擴大，東協國家內部自
1998 年開始舉行財經高官會議， 並於 1999 年提出包含中
國的「東協加三」倡議，以及接受來自美、日等國的財經協
助。[152]

　　至於美國在冷戰結束後的國際情勢變化中所扮演之
角色，一般對美國國務卿希拉蕊（Hillary Diane Rodham

150　宋鎮照，「中共與東南亞之政經關係與發展：回顧與前瞻」，東亞季刊 29
　　　卷 1 期（台北：國立政治大學，1998 年：64。

151　陳喬之，冷戰後東盟國家對華政策研究（北京：中國社會科學出版社，2001
　　　年）：178。

152　Sjamsul Arifin, R. Winantyo, Yati Kurniati, *Integrasi keuangan dan moneter di
　　　Asia Timur: peluang dan tantangan bagi Indonesia* (Jakarta: Bank Indonesia, 2007
　　　), 7-8.（印尼文）

Clinton）於 2009 年 7 月訪問泰國時，所發表關於「美國重返亞洲」談話乙節特別重視。美國總統歐巴馬（Obama）嗣後亦於同年的 11 月訪問日本時，曾對外點出美國已經將「重返亞洲」列入該國的外交政策。美國的態度將會影響到區域國家的對外政策，尤其之後希拉蕊又於 2010 年在河內舉行的東協區域論壇上，對外表達美國希望在南海主權爭議上扮演中間者的角色。[153] 因此，有學者對此認為，中國與美國在區域的競爭態勢，已因近年來雙方在當地的頻頻動作而日趨明顯。[154] 由於美國對區域的介入將持續增強，也刺激了中國積極拉攏包括印尼在內的東南亞國家；當然印尼可以藉此遊走在中國與美國兩強之間，適時地採取有利於印尼國家利益的外交政策與作為，以此為印尼爭取到符合國家需求的最大利益。

　　印尼係以擁有較高的經濟成長率（2013 至 2016 年約在 5％以上），以及該國位處於麻六甲海峽的南端之地緣戰略優勢，因而被邀請參加 G20 成員國。[155] 中國當然會對印

153　Lina A. Alexandra, "ASEAN di Tengah Multilateralisme Asia: Tantangan dan Peluang bagi Sentralitas ASEAN," *Analisis CSIS* 39:4, (Desember 2010): 448.（印尼文）

154　Michael Sianipar, "Caught Between the Dragon and the Eagle: The Limit of ASEAN's Hedging Strategy," *The Indonesian Quarterly,* First 39:1 (Quarter 2011): 36.

155　G20 最初是一個國際經濟合作論壇，在亞洲金融風暴後，於 1999 年 12 月 16 日在德國柏林成立，屬於布雷頓森林體系（Bretton Woods system）框架內非正式對話的一種機制，由八大工業國集團與 11 個重要新興工業國家再加上歐盟所組成，以每年一度的「財政部長及中央銀行行長會議」為其主要活動。參閱陳奕儒、林中斌，鬥而不破—北京與華府的後金融危機關係（台北：秀威資訊，2012 年）：180。

　　根據印尼銀行統計資料顯示，印尼最近幾年的經濟成長率分別是：2013 年

尼更加地展現出拉攏之意，希望能爭取到擁有戰略位置的印尼；因此在 2012 年 3 月間印尼前總統蘇西洛訪問中國時，胡錦濤表示了願意和印尼積極合作加強戰略夥伴關係，將兩國政府各自發展的戰略和規劃進行結合，並提出六項建議：

第一、加強戰略溝通，增進睦鄰互信。

第二、擴大經貿合作，促進共同發展。

第三、深化防務安全合作，提升合作水準。

第四、拓展海上航太合作，豐富合作內涵。

第五、擴大人文交流，落實友好基礎。

第六、加強國際地區合作，維護共同利益。[156]

　　以上內容，後來亦成為印尼提升與中國的戰略夥伴關係之指導方針。這些印尼與中國的戰略合作規劃，也是中國在加強與周邊國家關係工作中，如何策定對東南亞國家外交政策的重要依據。

第四節　小結

　　綜觀印尼與中國恢復關係的過程，可以瞭解到兩種不同的戰略文化概念之國家，在接觸與交往以及更進一步的提升關係上，需要經過多個不同的階段過程，以及彼此間的互

的 5.6％；2014 年的 5.0％；2015 年的 4.9％；以及 2016 年的 5.0％。參閱 Bank Indonesia, "LAPORAN PEREKONOMIAN INDONESIA 2016", <http://www.bi.go.id/id/publikasi/laporan-tahunan/perekonomian/Documents/LPI2016-web.pdf>（2017 年 12 月 30 日）

156　參閱「習近平佐柯威熱線，加強陸印合作」，人民新聞網，<http://www.worldpeoplenews.com/news/2/2012-03/21653>（2015 年 2 月 1 日）。

相體諒才能達至最後的密切合作。當印尼願意與中國重新交往時，乃是考慮到中國的廣大市場是印尼產品所需要的，加上中國也在 1970 年代末期對外採取了改革開放的政策，讓國際上主要的國家均紛紛開始加強與中國的關係；故從國際情勢與印尼本身的發展需求等方面來看，印尼接受中國的善意，開始發展雙邊關係，實屬印尼與中國的理性抉擇。不過，當印尼與中國從雙邊關係凍結到啟動正式官方的交往，仍需要經過互信的建立這個重要過程，而且也必須經過一段的時間考驗。尤其是在 1997 年發生亞洲金融風暴期間，中國對於印尼等東南亞國家提供一定程度的援助，使得這些國家對於中國逐漸產生好感，慢慢地印尼等國也就恢復對中國的信任，甚至有所期待。

其實，中國希望與印尼恢復外交關係，目的不僅僅是雙邊關係的發展與未來的關係提升，其深一層的目的當然是希望透過與印尼關係的改善，能夠逐漸擴大到整個東南亞地區，讓中國在東南亞地區可以享有較大的優勢。一方面，藉由對東南亞國家的經濟建設援助等，來獲取東南亞國家的認同並改善與東南亞國家的關係；另一方面，中國可以藉此形塑國際形象，修飾中國是一個共產極權國家的負面形象，如此才有利於中國提升為區域大國的地位。但是中國要做到上述的區域大國，除了國際形象的建立之外，還要能持續的對區域國家提供政治、經濟、社會等相關領域之協助，此舉亦呼應了中國近期積極地推動與周邊國家發展經貿互利與互惠作為。

在中國加強和周邊國家與地區的關係時，曾提出要將與周邊國家和地區交往的各項利益惠及到這些國家與地區，當然這個所謂的周邊國家與地區也包括了東南亞國家。因此，中國開始實踐所謂的「21世紀海上絲綢之路」戰略，希望藉此特別地來加強與東南亞國家的經貿交流關係，並能夠將中國與東南亞國家交流的獲利分享到這些地區的國家。若中國能強化其與東南亞大國印尼的雙邊關係，勢將有利於推展到印尼以外的東南亞國家，並使得中國得以擴大對東南亞國家的影響力。反向觀之，印尼也願意在中國加強與東南亞國家關係之際，爭取到中國的青睞，在這個中國與東南亞國家的交往過程中，印尼特別藉由與中國的「互助合作」關係，或許能獲得較多的利益，這也有助於印尼國內的經濟發展。

總之，印尼與中國在加強雙邊關係時，各自有其國家利益的考量。例如印尼希望爭取到中國經濟成長與發展過程中的紅利，並透過與中國的關係改善，也有利於其國內的整體發展；甚至印尼藉由與中國的友好關係，獲得中國對印尼在國際上的支持，從而提升印尼的國際地位。當然，中國是不會放棄與東南亞國家發展關係的利益，尤其是延伸其影響力到東南亞地區。儘管前述可以說僅是印尼與中國各自的考量，但是對於美、日等原來就在東南亞具有一定程度影響力的國家言，中國與東南亞國家關係改善之後，恐將影響區域情勢的變化。因此，尤其是美國也會針對中國在區域力量的上升，開始加強美國對於東南亞國家的關係，以確保原來美國在東南亞的利益。

　　上述的國際與區域情勢的變化因素，都或多或少會對印尼與中國關係發展造成影響，但從印尼與中國兩國立場而言，由過去冷戰時代的雙方外交關係凍結到恢復，仍然是需要一段時間來培養彼此的信任感。儘管印尼與中國已經建立了「戰略夥伴關係」，現也提升成為「全面戰略夥伴關係」，似乎已具有「互助合作」的基礎；但是要想更進一步地加強雙邊關係，除了考量國際的因素與印尼和中國各自的國家利益之外，透過更多的時間來加強兩國交流，以增進雙方彼此的瞭解，才是印尼與中國之間關係如何發展的重要關鍵。另外印尼的華人近年來也已成為印尼與中國間溝通的重要橋樑之一，未來在印尼與中國的關係發展上，勢將會扮演一定的角色。

第五章　印尼視中國參與區域整合為「互助合作」

　　由於東協國家間的交流與合作對於區域整合與發展具有一定之重要性，而印尼受到傳統的「互助合作」精神之影響，不但在東協區域內發揮了擴散作用，使全體的東協國家圍繞在一個以「合作」為基礎的互動氣氛下，進行交往與關係發展。甚至與區域外的國家，尤其是面對中國，東協國家也希望彼此能夠採取「互助合作」的精神來發展外交關係，因此也才有冷戰結束後的「東協加一」與「東協加三」的發展。中國便在東協國家不依附於任何一個國際大國的外交戰略下，可以積極地參與東協的整合進程。[157] 當然中國推行的睦鄰外交政策也是一個重要的因素，尤其中國近期向外宣揚與推動的所謂「共同發展」戰略，將會直接地對東協國家起到拉攏的作用，當然有利於中國參與東協的整合。

第一節　印尼的「互助合作」外交加速東協區域整合

　　若從外部將東南亞國家分開來看，則任何一個東協國家將變成僅是一個區域的小國；就算是印尼這樣擁有 2 億 6 千萬人的人口大國，也因為地處於南半球，偏離了歐、美等全球的重要經濟發展中心，而不會被認定為一個國際大國，

157　顏聲毅，「中國的安全環境與周邊外交政策」，蕭佳靈、唐賢興主編，大國外交—理論、決策、挑戰（北京：時事出版社，2003 年）：615-618。

或甚至是一個重要的區域大國。因此，對一個相對於其他地區較為分散與國力弱小的東南亞國家來說，團結在一起才是每一個國家獲得發展與生存的重要關鍵。而由印尼所發展與衍伸出來的「互助合作」外交模式，因此也就極易獲得東南亞國家的認同；同時，所有的東南亞國家都需要聯合其他的東南亞國家，以便增加對外談判實力。在此情況下，印尼的「互助合作」外交促成了東協國家能夠朝向整合的方向上發展，也才可以順利的在 2015 年底達成東協的初步整合。

一、「互助合作」是東協各國交往的基礎

　　根據學者研究，東南亞一詞的出現，乃是由於第二次世界大戰期間，為了便於對各個戰區的掌握與瞭解，以及戰後的區域情勢之處理與國際安排，逐漸形成了將中國與印度之間的亞州地區視為一個獨立專區，這個被提出來單獨看待的區域就是現在的東南亞。[158] 但因東南亞區域跨越了亞洲南部的幾個半島，以及太平洋到印度洋之間的許多島嶼，使得東南亞內部充滿了多元的特性；不論是在民族、宗教，以及文化上，區域內各個不同的地方均存在著明顯之差異。[159] 想要讓這樣一個廣大的區域內的人民建立相同共識，以便讓這個區域形成一個安危與共的地方，實在是需要各民族間的相互協調與合作。因此，源自於印尼的「互助合作」之傳統精

158　Wang Gungwu, "Opening Remark," ed. by David Koh Wee Hock, *Legacies of World War II in South and East Asia* (Singapore: Institute of Southeast Asian Studies, 2007), 3-6.

159　Dionisius Narjoko, "Assessing ASEAN Economic Integration and Initiatives for ASEAN Connectivity," *The Indonesian Quarterly CSIS* 38:4(2010): 400.

神，似乎可以成為東南亞國家之間交流與互動的基本信念，尤其是經過 1967 年東協的成立，並且能夠運作迄今，讓該組織除了原來設計的應付安全議題之外，更擴大至目前的涵蓋經濟、社會，以及文化層面等多項功能之區域組織，應該都是因為東協國家均有互助與合作的共識所致。

　　不過，在東南亞各國間要能夠相互尊重與合作，當然就是因為要面對彼此間的紛爭，以及因應可能會發生的衝突。例如之前馬來西亞曾分別與新加坡及印尼出現過有關島嶼主權之爭議，馬來西亞與印尼因為在婆羅洲東部外海的西巴丹島（Sipadan）及利佳灘島（ Ligatan）主權紛爭，最後於 2002 年 12 月 17 日經國際法庭審判，將上述兩個島嶼的主權裁決給馬來西亞。[160] 此外，印尼與馬來西亞兩國也曾經為了爭奪馬來民族傳統的起源國地位，包括臘染服裝（batik / 印尼名）、美食（Rendang / 印尼名）、舞蹈（Reog Ponorogo / 印尼名）、歌曲（Rasa Sayange / 印尼名）、竹樂器（Angklung / 印尼名）等，形成兩國互不相讓的局面。[161] 由於部分東南亞國家的民族與鄰國相近，例如在語言上，馬來文與印尼文出自同源，均來自於馬來民族所使用之馬來語的衍生，只是兩國因國境的區隔，逐漸促使民眾使用語言習慣的不同，而形成好像是存在著兩種語言的狀況。其實，有

---

160 "Potensi Konflik karena Masalah Perbatasan," <http://internasional.kompas. com/read/2009/03/22/05213018/Potensi.Konflik.karena.Masalah.Perbatasan>(18 August 2017)

161 大紀元，「印尼 馬來西亞的文化之爭」，大紀元報網，<http://www. epochtimes.com/gb/9/10/20/n2695277.htm>（2017 年 12 月 1 日）。

些生活習俗與文化在馬來西亞與印尼之間大致相同，服裝或音樂的曲風也經常相仿，因此該兩國偶爾會因爭取文化遺產而立場相對。

但值得稱慶的是，印尼與馬來西亞兩國的大部分地區沿襲著「互助合作」的文化傳承；因此，願意基於整體東南亞國家的整合，以及維持東協國家內部和諧，依東協傳統的協商模式來處理各國間之紛爭，故仍會希望以「互助合作」為基礎，做為相互尊重與交往的原則，才有利於東協整體的發展。若無「互助合作」的基本觀念，那麼在任何兩個東南亞國家之間均有可能會因為民族重疊、語言不同、風俗習慣與文化差異等，而極易發生衝突事件；此將不利於東協整體的和諧與發展，更遑論能夠整合東協國家的全體力量，發揮東協在國際事務上扮演一致對外的角色。因此，「互助合作」已成為東協國家間的最大共識，尤其是對於東協國家本身，如果有必要，東協內部任何一個國家都會給予另一個東協國家最多的幫助；儘管該兩個東協國家間或許仍存有其他紛爭，也都能尊重東協內部的協商精神，相互協調或各讓一步。

印尼不僅只是在領土範圍、人口數量、天然資源、市場規模等方面，稱得上是東南亞的大國；而其國內華裔人口眾多，並掌握印尼大部分的經濟運作，基於這樣的考量，使得印尼政府在對外政策上必須重視與中國這個華人國家的關係發展。若印尼與中國維持「互助合作」的友好關係，在即將

實現的東亞整合或其他國際合作的議題上，印尼應當可以透過當地華人在東南亞區域所發揮的經貿影響力，讓印尼能夠具有舉足輕重的份量。尤其印尼華人也會受到「互助合作」傳統文化的影響，印尼將可透過當地華人與中國的關係，能在印尼與中國交往上發揮正面作用。特別是中國也積極地經營與東南亞國家的關係，包括提出「共同發展」戰略，以及建構「21 世紀海上絲綢之路」等，均是「互助合作」外交的重要展現。至於印尼與他國關係能否適切地發展與維持均衡，亦已成為印尼政府外交的考量因素，不論是對國際大國或是與東南亞鄰國間的外交，都會以促進彼此的關係平衡做為前提，但也會避免直接訂定明確的規範，藉以能夠保留未來可做調整的彈性空間。[162]

二、東協整合後的運作需賴「互助合作」

由於東協各國的開發程度不同，甚至各個國家間的國力也有明顯差異，根據中華經濟研究院於 2014 年所做的研究顯示，由東協十國所組成的「東協經濟共同體」（ASEAN Economic Community，簡稱 AEC）雖已於 2016 年 1 月 1 日開始施行，但是不同的東協國家，其經濟實力仍存在一定程度的差距。例如新加坡的全球投資排名為第一，競爭力排名為第二；同一時期寮國的全球投資排名為 148，競爭力排名是 93；而緬甸的全球投資排名為 177，競爭力排名

162　黃瓊萩，「關係平衡 vs. 普世改造：中美國際干預風格與大戰略思維之比較」，中國研究 58 卷 4 期（2015 年 12 月）：76。

是 134。[163] 從上述資料可以看出，儘管東協國家希望以一個整體來共同發展經貿合作，彼此進行各項交流，甚至連國防安全議題也要進行協調；但因東協各國的實況差別仍大，不同發展程度的國家想法也不同。就像寮國、柬埔寨與緬甸等國，主要是希望盡快地發展國內經濟；而國家發展較先進的新加坡、泰國、馬來西亞與印尼等國，則是在經貿與安全議題相較之下，主要關注焦點可能一部分會是落在區域安全的問題上。

除了各個東協國家的發展程度不太相同之外，若從國際的觀點來分析東協國家，則會發現微觀上的東協其實也不是一個整體，各國均有其特殊之處。例如與中國相連的中南半島國家像泰、緬、寮等國，因與中國領土相鄰，不單是在社會與文化上受到來自中國的影響較多，就連貿易市場也相互聯絡密切；相較於屬於群島的菲律賓、印尼、馬來西亞，以及新加坡等國，則受到中國的影響相對較低，反倒是因位處國際貿易的通路上，而受到來自西方的影響較多。因此，國際上對於東協各國可能會採取不同的對待方式，相對於強調整體性的東協本身而言，如何能夠加強內部的共識才有利於東協的整合，這也是所有東協國家的期望。未來要達到上述的目標，則有賴於東協國家都能有「互助合作」的共識，才得以使東協國家內部有效整合，並能一致對外，以發揮東協的整體力量，進而在國際上爭取到東協整體的最大利益。

---

163 徐遵慈，「東協經濟共同體：現狀、挑戰與前景」，中華經濟研究院網，<http://web.wtocenter.org.tw/Page.aspx?nid=126&pid=274640>（2017 年 9 月 18 日）。

　　詳細來看，東協國家整合的目的實乃希望於 2025 年達成在政治、經濟與社會等三大領域的政治安全共同體（political-security community）、經濟共同體（Economic Community），以及社會文化共同體（Socio-Cultural Community）的整合，這是東協國家的共同目標。但是若分別來觀察東協中的單一國家，則會因為各國的開發與發展程度的不同，如果要想將所有的東協國家結合在一起，可能會遇到一些障礙。例如在新加坡，其國家發展的程度相較於緬甸、寮國、柬埔寨等國高。因此，如何將這些發展程度不同的國家聯繫在一起，已成為東協要達到完全整合成功必須要面對的挑戰。此時，印尼傳統的「互助合作」精神，應該將會是維護東協整合成果的有效模式。

第二節　印尼的「互助合作」有利中國參與東協事務

　　有部分的中國學者這樣認為，若要爭取有利於中國目前持續改革與發展的條件，則需要相對穩定的外部國際環境。[164] 因此，印尼以「互助合作」的外交模式與中國來往，應有利於中國維護與周邊國家的關係；因為中國與這些鄰近的國家保持一個具有「互助合作」的協調狀態，甚至於在這樣一個周邊平穩的國際情勢下，除了有利於中國本身的穩定與國家發展之外，中國將有餘力更能夠進一步地在區域相關

164　王逸舟，「面向 21 世紀的中國外交：三種需求的尋求及其平衡」，戰略與管理 37 期（1999 年 6 月）：18。

事務上參與意見，特別是基於東協國家都能接受的「互助合作」精神。

一、印尼的「互助合作」成為中國參與東協方便之路

從區域多邊合作的角度觀察，由於中國積極參與東協的區域整合進程，並與傳統上在區域內擁有重要利益的美國，形成既競爭又必須合作的情勢，使近年來部分學者對東南亞發展的關注，多集中於國際大國在東南亞區域內的權力轉移情形。[165]當然就較少針對中國如何得以參與東協的整合進程之相關因素進行探討，是否因為東南亞的國家，尤其是身為主要大國之一的印尼，其傳統「互助合作」政治模式給予了中國可以介入東南亞事務的有利機會。[166]因此，對於印尼的「互助合作」之政治內涵，以及其在東南亞區域整合中所發揮的作用，應該也是進行區域研究者需要關心的議題之一，藉此才能釐清未來以東協為核心進行的東亞整合之發展脈絡，以及判斷其可能成功與否的重要參考。

在傳統中國的歷史上，以及與東南亞國家往來的模式中，所謂的朝貢交往關係向來即被世人視為重要的發展外交關係方式之一，其主要乃是透過國際間的貿易與文化交流，甚至也包括了移民、軍事互動等，並間接地影響了彼此之間

---

165 西方學者研究中國的崛起會向現狀大國進行挑戰之可能性。參閱 Alastair Iain Johnston, "Is China a Status Quo Power?" *International Security* 27:4, (Spring 2003):49-56.

166 Jamie S. Davidson, David Henley, Sandra Moniaga, *Adat dalam Politik Indonesia* (Jakarta: Yayasan Pustaka Obor Indonesia, 2010), 236.（印尼文）

的政治與外交活動。這種國際關係的秩序安排,構成了早期
中國與東南亞地區的國家間進行交往與互動的模式。[167] 儘管
這是具有中央與邊陲觀點的國際秩序安排,可能也會受到部
分學者的批判,認為只是從中國的角度來分析國際局勢,而
非就當時世界局勢的現實情況來做解釋。不過,在 18 世紀
與 19 世紀期間,中國的清朝政府因不敵來自世界各地的帝
國主義國家要求開放貿易之壓力,陸續喪失了對東南亞地區
的控制力量。也因為當時的國際大國,如英、法等國就是延
續了所謂朝貢秩序的觀點來看待東南亞的,想要從原來對於
東南亞擁有朝貢權的中國清朝政府手中,取得對於這些東南
亞國家的掌控權力,尤其是東南亞地區的貿易權利,顯示西
方國家在某種程度上,應該是默認了過去中國對東南亞國家
存有這種的朝貢關係。

　　中國共產黨的政權自 1949 年建政以來,迄今亦累積近
70 年的外交活動經驗,其實中國在過去的毛澤東主政時代,
毛澤東曾認為中國共產黨革命的對象實應包括世界上的所有
帝國主義國家,所以要聯合起全球受壓迫的國家來共同進行
抵抗。[168] 因此,在第二次世界大戰結束後的一段時間裡,東
南亞國家因為需要爭取脫離過去對他們進行殖民的帝國主義
國家,所以成為當時北京政府亟欲聯合的對象,並且透過加
強與這些包括東南亞在內的國家發展外交關係,來達到對抗
帝國主義的目標。此外,鄧小平也在 1988 年 12 月 21 日接

167　陳潔華,21 世紀中國外交戰略(北京:時事出版社,2000 年):86。
168　姚有志編,毛澤東大戰略(北京:解放軍出版社,2004 年):13-14。

見當時的印度總理拉吉夫·甘地（Rajiv Gandhi），再次重
申了中國的「和平共處五原則」，並希望以此建立起新的國
際社會秩序。[169] 綜上觀之，中國在毛與鄧主政的時期，對於
東南亞國家的外交政策，可以說主要是採行和平、互助與合
作的對外戰略，此亦與印尼傳統的「互助合作」若合符節，
當然會讓中國能夠很容易地也透過和平、互助與合作來參與
東南亞地區的事務。

　　特別是 1955 年 4 月在印尼召開的「萬隆會議」（一稱
「亞非會議」，英文 Asian-African Conference）係由中國、
緬甸、印度、斯里蘭卡與巴基斯坦等國發起舉辦的，共有
29 國受邀派代表出席該項會議，會後並公開宣示十項和平
交往原則：

（一）尊重基本人權、尊重聯合國憲章的宗旨與原則。

（二）尊重一切國家的主權與領土完整。

（三）承認一切種族的平等，承認一切大小國家的平等。

（四）不干預或干涉他國內政。

（五）尊重每一個國家按照聯合國憲章單獨或集體地進行民
　　　族自衛的權利。

（六）不使用集體防禦的安排來為任何一個大國的特殊利益
　　　服務；任何國家不對其他國家施加壓力。

（七）不以侵略行為或侵略威脅使用武力來侵犯任何國家的
　　　領土完整或政治獨立。

169　人民日報社，鄧小平文選第三卷（北京：人民出版社，1993 年 10 月）：
　　　281-283。

（八）按照聯合國憲章，通過談判、調停、仲裁或司法解決
　　　等和平方法以及有關方面自己選擇的任何其他和平方
　　　法來解決一切國際爭端。

（九）促進相互的利益和合作。

（十）尊重正義和國際義務。[170]

　　這些原則展現出當年中國與第三世界國家間的合作精神，更是中國對東南亞國家進行「互助合作」的開始，迄今「萬隆會議」也已成為中國參與東南亞國家活動的起步，並開始了中國與東南亞國家發展「互助合作」關係。

二、中國的「21 世紀海上絲綢之路」需賴「互助合作」

　　現代的中國外交戰略思考模式，在一定程度上還是會受到傳統中國的文化影響，而其中最常被提到的應該就是「以和為貴」的中華傳統思想，並以此做為中國現階段對外交往與發展關係的基本思維，當然也就自然地衍生出所謂的「求同存異」、「和而不同」等外交上的彈性作法。[171] 由此可以看出，不論中國是哪一種的外交思路，若去深究其基本的意涵，也會發現到蘊含了互助與合作的概念。雖然現在北京政府的體制與各種制度上，還是無法與世界先進大國相比較，不過中國領導班子經過近幾屆的更迭，似乎也開始有朝制度

170　王受業、梁敏和、劉新生編著，列國志印度尼西亞（北京：社會科學文獻出版社，2006 年 4 月）：396。

171　張驥，國際政治文化學導論（北京：世界知識出版社，2005 年 1 月）：341-344。

化方向邁進的跡象。[172]此外，中國在外交政策上，自 1978 年實行改革開放政策以來，即已加快步伐地積極去參與國際上的各種組織，尤其是在 2000 年加入了 WTO，顯示中國對國際建制的重視。[173]上述的發展，應有利於中國的外交政策能獲得其他國家的認同，尤其是中國宣傳的「21 世紀海上絲綢之路」戰略將可能有機會被東南亞等國所接受。

提到中國的外交政策，可以從近年來由中國推動與東協國家進行的交通建設合作，特別是中國極力促成「共同發展」倡議的具體實踐，其內容主要有中國與越南的「泛北部灣區域合作」、中南半島區域的「南寧—新加坡經濟走廊」、「泛亞鐵路」，以及「大湄公河流域開發」；另外還有 2015 年中國同意援助印尼在雅加達興建至萬隆全長 150 公里的高鐵案，以及中國援助東協國家的多項基礎建設計畫案等。當然還有受到高度關注的亞洲基礎設施投資銀行（亞投行，英文 Asian Infrastructure Investment Bank，簡稱為 AIIB）的設立，為未來的「東協區域全面經濟夥伴關係架構」（英文 ASEAN Framework for Regional Comprehensive Economic Partnership，簡稱 RCEP）鋪路。中國總理李克強特別在 2016 年 3 月份的博鰲論壇上闡述了「共繪充滿活力的亞洲新願景」，繼續走睦鄰友好與和平共處的外交道路之

172　David Bachman "Aspects of an Institutionalizing Political System: China, 1958-1965," *The China Quarterly* 188 (2006): 957-958.

173　王勇，中國「入世」後的中國與美國的經貿關係（台北：秀威出版社，2007年）：162-163。

外，也同時提出命運共同體概念來深化區域合作。[174]

　　其實，上述中國的外交手法已大不同於過去屬於保守時期的「睦鄰友好」外交政策，尤其是自 2010 年中國與東協自由貿易區的實施後，更加大力度來宣傳「一帶一路」戰略中的「21 世紀海上絲綢之路」規劃。因為該項規劃案與東協國家的發展較為密切，可以說這些都是中國提出「共同發展」倡議的先期宣傳與初步動作。如果國際上均能瞭解中國的外交政策訊息，當然可以研判出中國的對外發展企圖，包括其中最被外界關注的就是中國對外政策趨勢。若區域內國家或是國際間能夠從中國的崛起中獲得利益，或許對所謂的「中國威脅論」會有不同的看法而因此改觀，甚至會認同中國宣傳的「中國崛起將提供世界機會」之說法。[175]

　　中國的對外影響力，雖因近年來的國力上升已更為明顯，而且也引起了國際大國的注意，尤其是原來在西太平洋區域一直居於主導地位的美、日聯盟的特別關注。[176]其實在過去上一（20）世紀的後半葉，因為美國與日本兩國在東亞的同盟關係，的確限制住了中國勢力的向東及向南發展。而隨著冷戰結束，因為美國的「戰略收縮」政策，給予中國

174　參閱新華社報導李克強在博鰲亞洲論壇年會開幕上演講內容，新華網，<http://www.xinhuanet.com/fortune/2016-03/24/c_128830171.htm>（2017 年 12 月 1 日）。

175　Robert Sutter, *Chinese Foreign Relations: Power and Policy Since the Cold War* (Maryland: Rowman & Littlefield, 2010), 2.

176　王高成，交往與促變：柯林頓政府對中共的外交戰略（台北：五南圖書，2005 年）：251。

可以改善其與東南亞國家關係的大好機會。[177]尤其中國的崛
起，中國的市場逐漸開放以及提高了對東南亞國家的經濟
吸引力，使得東協與中國的自由貿易區也能順利於 2010 年
成立。[178]在東協國家有意積極地參與該自由貿易市場之狀況
下，中國應可透過「互助合作」的外交模式，將與東協國家
經貿交流之獲益轉而惠及於東協國家，配合協助落實「21
世紀海上絲綢之路」建設（詳見表 7）。

表 7　中國「21 世紀海上絲綢之路」內容

合作項目	重要內容
政策溝通	加強政府間合作，積極建構多層次政府間的宏觀政策溝通交流機制，促進互信，達成合作新共識，進行充分交流俾政策對接。
設施聯通	從中國沿海港口經過南海到印度洋，延伸至歐洲，以及經南海到南太平洋之海上重點港口為節點，共建通暢安全高效的運輸大通道。
貿易暢通	推動口岸基礎設施建設，暢通陸水聯運通道，推進港口合作建設，增加海上航線和班次，加強海上物流信息化合作。
資金融通	深化金融合作，推進亞洲貨幣穩定體系和信用體系，並擴大沿線國家雙邊貨幣兌換與結算的規模。
民心相通	擴大民間交流與加強旅遊合作，增進科技合作，並加強沿線國家民間組織的交流合作。

資料來源：中國國家發展改革委員會、外交部及商務部（http://www.
　　　　　beltandroadforum.org/BIG5/n100/2017/0407/c27-22.html）

177　美國的「戰略收縮」政策指的是 1970 年代因其國力下降，在國家政策制定
　　上，減低了對亞太地區的關注。參閱王帆，美國的亞太聯盟（北京：世界知
　　識出版社，2007 年）：24。
178　蔡東杰，東亞區域發展的政治經濟學（台北：五南圖書，2007 年）：166。

第三節　「互助合作」外交為中國參與東協整合之關鍵因素

中國的外交戰略在過去主要是宣揚「睦鄰」政策，現階段則是慢慢地已經走向了「和平」與「負責」的大國形象，中國希望藉此對內與對外都能明白地展現出其發展的宏願，讓世界各國都不要對中國的外交政策感到懷疑，並可藉此來爭取包括東南亞在內的周邊鄰國之認同。而中國向來喜於向外宣揚的「和平共處」，其中的「和平」現在則有「和平發展」之意涵。[179]尤其是中國與東協國家的「和平發展」關係，可以視 1955 年的「萬隆會議」為開端，因此當東協國家都亟需發展之際，中國若以「互助合作」外交為出發點，則中國與東協的整合與發展應有機會實現。

一、中國透過「互助合作」參與東協整合

在印尼與中國的外交關係發展中，「互助合作」的原則，一直是印尼遵循的對外交往方針，儘管在印尼與中國的關係發展過程裡，曾經出現過關係凍結的時期。不過，印尼應是最早承認中國共產政權的東南亞國家，原因即是當時的北京政府也同樣的支持印尼獨立而對抗其殖民母國荷蘭；而且當時在台灣的中華民國政府身為聯合國常任理事國，立場傾向聯合國所支持的荷蘭，故印尼轉而爭取與北京政府建立外交關係，其目的是希望獲得來自北京政府的支持，嗣後該

---

179 張登及，「『再平衡』對美中關係之影響：一個理論與政策的分析」，遠景季刊，第 14 卷第 2 期（2013 年）：83-84。

兩國關係迅速發展。中國於 1955 年參加在印尼舉行的「萬隆會議」，展現出北京對當時第三世界的認同；而印尼則基於爭取獨立時與西方國家立場不同，也就願意配合中國出面主辦該項會議，充分顯示當時印尼對中國的外交關係發展，已經有了「互助合作」精神的表現。

中國從改革開放後，因受到增加與西方國家接觸的影響，其外交戰略已由早期的意識形態色彩逐漸轉變，對外宣示的外交政策標榜走向「和平」與「負責」，其目的即在對內與對外清楚地傳達中國和平發展的國家目標。其中的「和平」也包含了過去中國所強調的「和平共處」，以及現階段宣揚的「和平發展」；而有關「負責」上的表現，則有「大國外交」與「夥伴外交」。[180] 雖然中國強調所謂的「大國外交」，但基本上由於意識形態影響，通常是以發展中國家為重心，其次是周邊國家，最後才會輪到發達的先進國家。[181] 而近年來中國也積極與周邊的鄰國發展戰略夥伴關係，例如「中俄戰略協作夥伴關係」，以及中日間的「致力於和平發展的友好合作夥伴關係」等。[182] 由於中國認為其發展離不開世界，世界的繁榮也需要中國，使得中國的外交戰略必須兼顧國內與國際兩個大局，堅持互利共贏的開放戰略亦包括了合作與共同發展。[183] 儘管中國以上述的各種不同名稱來包裝

180　張登及，「『再平衡』對美中關係之影響：一個理論與政策的分析」。

181　蔡東杰，當代中國外交政策：148。

182　張蘊嶺主編，夥伴還是對手－調整中的中美日俄關係（北京：社會科學文獻出版社，2001 年 1 月）：203。

183　趙進軍主編，中國外交十年（2002 至 2012）（香港：中華書局，2013 年）：32。

其外交戰略，但因中國對東協國家給予各項經濟建設的協助，此與印尼的「互助合作」外交模式可以相互輝映。

近年來中國的學者也積極地爬梳歷史文獻，希望在過去傳統中國悠久的王朝歷史發展中，歸納出一些傳統中國在處理對外事務的經驗原則，做為未來訂定外交政策之參考。由於在歷史上的各個朝代，其主要的國家安全考量不外乎以軍事安全與經濟安全等兩大領域為主；而綜觀歷代對於周邊的外族，不是採取和平手段（漢代的和親、宋代的締約），或是武力攻伐（漢代的突擊匈奴、唐代的征遼東）。大部分都是依據當時的國力與外部環境的情勢，適時地分別採取「軟」的和平手段，或者是「硬」的武力相向之對外政策交互運用。儘管採行不同的手段，但似乎所有朝代政府的首要意圖，還是在於追求所謂的促進和平與發展。[184] 基此對照中國現今的對外政策上，尤其是北京政府最熱衷於對外宣傳的「和平共處」、「互利共贏」，以及「堅持走和平發展的道路」等的外交理念，其實並未超出過去中國歷史上的傳統王朝政府處理對外事務之想法。

目前國內外對於東協與中國外交關係之研究著作與論文甚為豐富，尤其因為東南亞地區華裔人口眾多，使得中國與台灣的兩岸學者易於蒐集相關資料。故透過審閱現有的中國與東協國家關係發展歷程之研究著作，可從中發掘出有關印尼政治運作中的「互助合作」文化，以及中國對印尼外交

184　時殷弘，「傳統中國經驗與當今中國實踐：戰略調整、戰略透支和偉大復興問題」，外交評論第 6 期（2015 年）：67-68。

作為所產生影響之情形；特別是針對過去東南亞地區發生之
重要國際事件，包括萬隆會議、東協的成立及其整合之進程
等，進而可以歸納出兩者間的因果關係。因為中國在進行改
革開放前，因其極權政體無法受到國際上的信任，特別是鄰
近的東南亞國家雖已與中國建交，但仍然還是具有防範中國
擴張的心理，故使得當時東協與中國的貿易發展顯得遲緩。
不過在中國經濟改革開放之後，其與東南亞的經貿交流便開
始快速增長，只是在貿易數字上，不同的東協國家對中國分
別享有順差或是逆差。[185]

中國近年來積極參與東協組織活動，並深入瞭解東協
組織與掌握東南亞的發展情勢，依據中國前駐汶萊大使劉新
生的分析，認為東協未來走向主要在發展制度化與東南亞的
整合，並採全方位的對外交流模式；但東協國家仍然會堅持
自主性，外交政策則是傾向獨立自主。所以東協在對其他國
際大國合作時，不管國際格局未來會如何地發生改變，應
會持續奉行所謂的「平衡交往」。[186] 鑑於東南亞國家對國際
主要大國，或是國家聯盟均採取平衡外交策略，如果中國意
欲強化或鞏固其與東協國家的關係，勢將必須依循互助外交
模式，提供東協各國相對較為優惠的政策，方容易獲得包括
印尼在內的東協國家所接受。例如中國對印尼援建雅加達至

185 楊昊，「中國—東協關係的和諧與矛盾：擴散性互惠與擴散性脆弱的分析」，
亞太和平觀察，2012 年：140-145。
186 劉新生，「東盟的未來發展與走向」，張德廣編，變動的世界與中國外交（北
京：世界知識出版社，2008 年 2 月）：227-229。
註：劉新生為中國前駐汶萊大使。

萬隆造價 60.7 億美元的高鐵建設，即是近期最為明顯的例證。[187]

中國積極參與國際社會是從 1972 年進入聯合國開始，並透過聯合國組織活動加強拓展對外的援助案，不僅僅是限於第三世界國家，像是由聯合國環境規劃署、聯合國開發計劃署、世界衛生組織、聯合國教科文組織，以及聯合國工業發展組織等機構都是中國積極參與的對象，以及對世界上大多數的國家開始進行多邊外交與各種援助工作。[188] 至於對東南亞國家，中國則是與東協的自由貿易市場進行連結，開啟世界上最大的自由貿易區，此區域內涵蓋了將近 19 億人口的生產力與市場。[189] 尤其中國認為在 2020 年之前，中國將面臨重要的戰略發展機遇期；[190] 使得加強與周邊國家，尤其是與東協國家進行合作，已成為中國國家的主要發展目標之一，而透過「互助合作」則更容易達成中國參與東協整合的目的。

187　參閱印尼安塔拉社（ANTARA）2017 年 10 月 21 日新聞 "China: Proyek Kereta Cepat Bandung-Jakarta dan lainnya dalam Kemajuan Positif," <https://jateng.antaranews.com/detail/china-proyek-kereta-cepat-bandung-jakarta-dan-lainnya-dalam-kemajuan-positif.html>（2017 年 09 月 1 日）

188　熊厚，「中國對外多邊援助的理念與實踐」，外交評論 27 卷 5 期（2010 年）：51-52。

189　王俊樺、張建中，「21 世紀海上絲綢之路背景下中國—東盟經貿合作研究」。東南亞縱橫 7 期（2015 年）：3。

190　中國前總書記胡錦濤於 2012 年 11 月 8 日中共「十八大」報告中指出，綜觀國際大勢，中國仍處於大有作為的重要戰略機遇期，參閱新華社新聞網，<http://big5.xinhuanet.com/gate/big5/www.cs.com.cn/xwzx/hg/201211/t20121108_3720567.htm>（2017 年 12 月 31 日）。

二、中國可藉「互助合作」擴大對東協影響力

　　由於中國的外交作為，多少還是會受到過去中華民族的歷史文化影響，即過去歷代政權遺留下的觀念，還潛存著所謂的「天下」與「朝貢」之想法。[191] 即有學者對此進行研究認為，因歷史上中國的政、經與社會的優越性心理，對外邦自視較高，但是對於外邦各國之間卻還是一視同仁，且各國彼此之間則視為處於平等地位的關係，並維持相互間的和平與安全狀態。[192] 參考上述的觀點，中國對於周邊國家的看法，似應會平等的採取提供資源，幫助弱小國家的立場，就像中國於 2006 年 10 月 30 日在廣西南寧舉辦與東協建立對話關係 15 週年紀念會時，曾與東協國家共同發表有關雙邊合作的聯合聲明，中國承諾持續推動與東協的戰略夥伴關係，包括在政治、經濟、安全、社會與文化等領域加強關係，以及促進中國與東協在國際或是區域事務上的合作；同時，當時中國的總理溫家寶，亦向東協國家代表提出，北京政府願意提供 500 萬美元的援助基金，用以做為有關東協整合的工作項目基金。[193] 此即成為之後中國在區域內成立「亞投行」的初步發想，中國也可藉此發揮對東南亞區域的經濟影響力。

　　習近平曾於 2013 年 10 月間在北京舉辦的加強周邊外

191　張登及、陳瑩義，「朝貢體系再現與『天下體系』的興起？中國的外交案例研究與理論反思」，中國研究 55 卷 4 期（2012 年）：92。

192　王賡武，移民與興起的中國（新加坡：八方文化創作室，2005 年 11 月）：81-83。

193　中國外交部，中國外交（北京：中國外交部，2007 年）：46。

交工作會中指出，周邊區域國家在中國的發展大局和外交全
局中具有重要作用，北京政府應當開展一系列的重大外交活
動。中國總理李克強也在該會議中提到，中國為了統籌國際
與國內兩個大局和中國的外交全局，必須要全面深入地貫徹
中共十八大的精神，做好鞏固對中國有利的周邊環境，俾能
夠維護好與利用好目前中國發展的重要戰略機遇期。[194] 若以
北京政府的角度觀之，中國的外交政策從過去的「睦鄰友
好」轉換到現階段的「共同發展」，這種外交政策的轉變，
主要係考量到中國經濟發展的利益需要，以及將此利益擴大
到東協國家，並希望能藉這樣的互惠與擴散作用，共同來增
進中國與東協國家的合作與和諧關係。[195] 以「互助合作」的
外交原則，將中國的國家經濟發展利益，分享到其他的東協
國家，也能使東協國家對北京政府提出「共同發展」倡議的
重視，以及提升中國與東協國家在政、經等領域關係發展之
動力。

　　其實中國在 1978 年改革開放後，為了爭取外來投資幫
助中國的經濟發展，在外交政策上便有了淡化意識形態之轉
變，希望藉此能夠與世界上其他大多數不同政治體制的國家
往來，此時的北京政府主要是以國家利益做為訂定外交政策

194　新華社，「習近平主席周邊外交工作座談會講話」，新華社新聞網，
　　<http://big5.xinhuanet.com/gate/big5/news.xinhuanet.com/politics/2013-10/25/
　　c_117878897.htm>（2017 年 7 月 2 日）。
195　互惠的擴散作用主要指的是中國為了與東協國家維持和諧關係，基於大國立
　　場對於周邊小國提供挹注與支持，以鞏固雙邊關係的發展，參閱楊昊，「中
　　國—東協關係的和諧與矛盾：擴散性互惠與擴散性脆弱的分析」，亞太和平
　　觀察（2012 年）：134-138。

的最高指導原則。[196]特別是中國在與東協國家關係的發展上
更是明顯，尤其是在 2007 年中國即已與東協國家簽署了「服
務貿易協定」；[197]並更進一步地促成了 2010 年的中國與東
協自由貿易區（ACFTA）之實現，此亦被視為北京政府對
東協關係發展的重要里程碑。[198]顯示出中國在國家經濟實力
增強後，對拓展外交關係上具有更大的創造空間，也已證明
中國在改革開放後，漸漸地培養出對外交往的自信心。[199]未
來中國在參與區域的經濟整合時，像印尼傳統的「互助合
作」精神，不僅是中國基於自身的國家利益制定政策的出發
點，同時也是一種有信心之表現，而且也願意對東南亞國家
分享中國經濟發展的紅利。不過，美國對中國在亞洲的影響
力提升已有警覺，因此曾提出「重返亞洲」的戰略。[200]但嗣
因東協的整合於 2015 年初步達成，中國仍繼續積極地參與
東協整合進程。[201]未來不論是美國獨自或是美日同盟在處理
對整體的東南亞國家事務時，與中國主以貿易發展的「21

196　楚樹龍、金威主編，中國外交戰略和政策（北京：時事出版社，2008 年 4 月）：
　　54-57。

197　中國外交部，中國外交：23。

198　中國與東協自由貿易區（ASEAN-China Free Trade Agreement，簡稱
　　ACFTA）之成立係基於 2002 年 11 月間雙方所簽訂的「全面經濟合作框架協
　　議」（The Framework Agreement on Comprehensive Economic Cooperation）。
　　參閱東協秘書處，「東協與中國對話關係」（Overview of ASEAN-China
　　Dialogue Relations）資料，<https://asean.org/wp-content/uploads/2012/05/
　　Overview-of-ASEAN-China-Relations-August-2018_For-Website.pdf>（2019 年
　　5 月 6 日。

199　威廉・凱勒、托馬斯・羅斯基著；「亞洲的戰略與經濟轉型」，中國的崛起
　　與亞洲的勢力均衡（上海：上海人民出版社，2010 年 1 月）：12。

200　Lina A. Alexandra, "*ASEAN di Tengah Multilateralisme Asia*," 448.（印尼文）

201　「東協經濟共同體誕生 經濟部緊盯對台影響」，中央社新聞網，<http://
　　www.cna.com.tw/news/afe/201512310149-1.aspx>（2017 年 7 月 1 日。

世紀海上絲綢之路」政策，兩者間可能形成鮮明的競爭態勢，似已無法避免。儘管部分東協國家與中國在南海仍有主權紛爭，但在東協組織的對外交往與運作上帶有「互助合作」的色彩。因此，仍將有利於中國繼續參與東協的整合進程。[202]

表 8　中國與東協關係發展重要合作協議

時 間	項目	主要內容
2002 — 2004	經貿關係	2002年11月4日東協與中國於金邊簽署「全面經濟合作框架協議」，次（2003）年10月6日在印尼峇厘島簽署該項協議之「議定書」。另於2004年11月9日東協與中國簽署「雙邊貨貿協定」及「全面經濟合作框架爭端解決機制協議」。
2003 — 2020	戰略夥伴關係	中國加入「東南亞友好合作條約」，東協與中國並於2003年10月8日在峇里島簽署關於促進和平與繁榮戰略夥伴關係的聯合聲明。嗣後中國與東協陸續簽訂三次（2005至2010、2011至2015及2016至2020）有關落實「中國　東協和平與繁榮戰略夥伴關係聯合宣言」行動計畫。
2004 — 2017	非傳統安全合作	東協與中國先後於2004年1月10日、2009年11月18日及2017年9月21日分別在泰國、柬埔寨及菲律賓簽署「關於非傳統安全領域合作諒解備忘錄」。
2004 — 2027	南海合作	2004年11月4日東協與中國簽訂「南海各方行為宣言」；2011年7月20日再簽訂落實「南海各方行為宣言」行動指南。另完成「南海沿岸和海洋環境保護十年宣言」（2017至2027）。

資料來源：東協秘書處網站 <https://asean.org/asean/external-relations/china/>

202　Faustinus Andrea, "Tinjauan Perkembangan Regional dan Global: Tantangan ASEAN dan Masalah Konflik Laut China Selatan," *Analisis CSIS 40:3*, (September 2011):309.（印尼文）

第四節　小結

　　確實，東協國家間的交流與合作對於區域整合與發展具有一定之重要性，而印尼受到傳統的「互助合作」精神之影響，不但在東協區域內發揮了擴散的作用，促使全體的東協國家圍繞在一個以合作為基礎的互動環境下，彼此或是多邊的進行交往與互動。對內塑造出東協國家之間的和諧，降低了紛爭發生之可能，儘管其中部分國家彼此間還是會有零星的衝突，不論是領土與主權問題，或是爭奪文化遺產等；最後還是會以和平的方式落幕，其中「互助合作」的精神扮演了重要的潤滑角色。另對外而言，東協國家的「互助合作」可呈現出整體與合作的形象，以及東協國家一致對外的力量發揮等。上述的東協國家之特徵，將可以加快東協的整合，使東南亞真正地成為一個具體的區域，提升當地民眾對東南亞的自我認同。

　　從印尼傳統精神所發展與衍生出來的「互助合作」外交模式，對東南亞國家來說，可以藉此聯合其他東南亞國家，共同地增加對外談判實力與爭取最大利益。印尼「互助合作」外交模式不僅會是促成東協國家朝向整合的方向上發展之動力，也會在東協完成整合後，若要繼續維持這樣的和諧與互動，則印尼的「互助合作」傳統精神將是可以依循的相處原則。尤其國際局勢變化莫測，東協國家的整體利益有可能遭受到外來的侵害，此時東協國家的合作與團結將更顯重要。所以維繫東協的整合與和諧，「互助合作」的外交表現

與關係的維繫，勢將會獲得每一個東協國家的歡迎與信任。

　　在東南亞這樣一個廣大的區域內，要想團結不同的民族或是國家，並讓該地區的人民能夠建立一個對當地認同的共識，使這個區域內可以形成各國都有共同安危和生存與共的理念，當然是需要區域內的國家一起相互協調，以及願意自動自發的「互助合作」。因此，源自於印尼的「互助合作」傳統精神，目前已經成為東南亞國家間交流與對外表現的基本模式。特別是在上一（20）世紀的 1967 年，東協組織便是基於區域內的國家之整體安全需要而成立，並經過長時期之運作，讓東協國家能夠真正於 2015 年有開始整合的可能。然而對於中國而言，基於東協整合的一致性表現，使中國得以透過「互助合作」的方式，來加強與整體東協國家間的關係。甚至中國藉由這種與東協的互助和合作關係，間接地也可以透過對東南亞區域提供協助，進而參與當地事務，甚至更可能進一步的表示意見。

　　若以印尼單一個國家來說，當然「互助合作」的外交模式已是印尼與中國交往的基礎；不過，在印尼的影響下，也會有利於中國與包括東南亞國家在內的周邊國家發展對外關係，如此中國將能與這些鄰近的國家保持一個具有「互助合作」的外交關係，並維繫著區域的和平情勢。而在一個周邊平穩的國際環境下，除了有利於中國本身的穩定與國家發展之外，中國將會有餘裕的力量去協助或是提供資源給予周邊的國家。藉由這樣「互助合作」的對外援助，尤其是東南

亞國家將更願意接納中國的參與，因為這些國家都期待與中國交往能獲得較大的利益。

　　中國的外交戰略已從過去的主要宣揚「睦鄰」政策，逐漸演變到現階段「和平」與「負責」的大國形象。顯示中國希望適度地將其對外政策公諸於世，就像中國長期強調的「和平崛起」，目的即是期待世界各國能以正面的態度來瞭解中國的發展方向，降低對中國外交政策的懷疑，以減少中國未來整體發展的阻力，特別是要以此來爭取包括東南亞在內的周邊國家之認同。因此，在中國與東南亞國家關係發展中，「互助合作」的外交態度與立場當然會成為雙方可以遵循的原則，「互助合作」的精神有機會成為中國參與東協國家整合的重要手段之一；相對地，當然也會反映出中國對東南亞國家影響力的提升，自然會招致傳統上在東南亞亦具有主導利益的國家之反應，甚至更激烈的反對。

第六章　印尼以「互助合作」面對中國之機會與挑戰

　　東南亞國家希望中國崛起可以提供區域一個和平的環境，才能夠維持區域整體的經濟持續發展；並為了能避免因中國的國力日強，恐將逐漸主導整個區域而可能帶來的負面影響，所以印尼除了積極與中國發展「互助合作」的外交關係之外，應該也會採取傾向於所謂的「避險戰略」。[203] 藉此做為印尼與中國關係發展的制衡機制，故該兩國的關係在印尼的「互助合作」外交政策下，雖然因為在政治或經濟等各領域的相互合作與互補，未來雙方關係的提升將會是充滿了各種機會。但是另一方面，也可能因為印尼基於歷史的經驗，仍然會擔憂與中國交往將有不良的負面因素發生，以及影響到印尼與其他國家關係之發展，故在印尼與中國關係發展上，仍將面臨一些挑戰。

第一節　「互助合作」外交符合印尼國家發展的需要

　　就以印尼國內的情況而言，因為印尼是一個多元民族與文化的國家，若想要讓全國民眾能夠達成一致的共識，政府則必須在其政策制定上，以及施政的方向上等各方面，能夠以相互協調與協商的結果做為依據。因此，「互助合作」已

203　Michael R. Chambers, "The Evolving Relationship Between China and Southeast Asia,"ed. by Ann Marie Murphy and Bridget Welsh, *Legacy of Engagement in Southeast Asia* (Singapore: Institute of Southeast Asian Studies, 2008), 295.

成為印尼國內制定與實施各種政策的最大公約數，即印尼政
府的政策都會經過各個參政的政黨共同協商，以達至施政的
最大效能。基於印尼多樣不同族群與文化間能夠彼此的協調
合作，並具有回饋的概念，只要是接受過幫助的一方，一定
會在適當時機反過來提供協助，或者是適時地付出與貢獻。
因此，印尼國內的各項發展均可在全體民眾發揮傳統的「互
助合作」精神下，順利達到國家既定的發展目標。

一、印尼國內的多元環境需要「互助合作」

在東南亞的國家中，除了當地的原住民之外，則要算
東南亞華人是最為突出的族群了。尤其過去一直認為，是印
尼華人掌控了當地大部分的經濟活動；[204] 而且印尼華人對當
地國或民族的認同，也與其他的東南亞國家之華人有些許差
別。例如在泰國或馬來西亞，大多數的華人會認為他們已經
與當地國的民眾同化了，可接受成為當地國籍的國民。但在
印尼則大不相同，雖然有的年輕華人認為可以接受成為當地
國民；不過，仍有一大部分的華人，尤其是較為年長者，在
他們的內心裡卻不會認同做為印尼人。若究其原因，則可以
從印尼在不同的被殖民時期進行分析。例如在荷蘭或日本統
治印尼時期，當地的華人認同中國籍，並延續到了印尼獨立
建國之後；但在歷經了多次的排華事件後，現在印尼大部分
在地出生的華裔年輕人可以接受成為印尼人，惟仍有許多年

---

204 一般認為，印尼的華裔掌握了當地約七成的經濟實力。參閱僑務委員會，華
僑經濟年鑑（台北：僑務委員會，1997 年）：116。

紀較長者認為自己還是中國人。[205]

　　儘管在印尼大概有三百餘種民族，但其政府為了方便分類，大部分是以各個省份做為民族分布的區分。[206] 暫不論印尼國內的民族如何多元與存在著差異，惟在這麼多種民族的國家裡，如果是要維護印尼國家的統一與持續發展，實在是需要藉由「互助合作」的傳統精神來加以團結，並凝聚共識。而若就前述描寫的印尼華人情況而言，已有許多的印尼華人可以將生長的印尼家鄉，當做是自己成長的故鄉；而不是過去的僅僅明顯在經濟上佔有優勢，或是長期以來印尼華人與當地原住民存在著明顯的差別而已。甚至現在有一部分的印尼華人，已經融入了當地的社會；只是因為印尼原住民對當地的華人看法大致依舊，使得未來印尼華人在當地的融合過程中仍然充滿了挑戰。包括印尼政府如何平衡當地原住民與少數的華人之參政權，以及怎樣才能促使印尼華人可以真心地將當地視做故鄉，並且能夠對印尼當地之經濟發展付出更大的貢獻等。[207] 若印尼華人能夠做到這樣，也就需要印尼華人展現出與當地原住民間積極的「互助合作」精神與行動。

205　Charles A. Coppel, *Indonesian Chinese in Crisis* (London: Oxford University Press, 1983), 226-228.

206　Achmadi Jayaputra, *Suku bangsa di Indonesia* (Jakarta: Departemen Sosial RI, 2002), 5. （印尼文）

207　Tobias Basuki, "Chinese Indonesians' Quest for Identity: A Problem of an Ethnic Minority Integration," *The Indonesian Quarterly* 41:2 (Second Quarter 2013): 122-126.

　　提到印尼華人與當地原住民的關係，除了印尼國內多元民族需要以「互助合作」來凝聚之外，就連印尼在面對兩岸分屬不同華人的北京政府與台灣政府進行交往時，當然會受到有關國際因素的影響。例如被以聯合國安理會常任理事國身分的北京要求遵守所謂的「一中」政策，而且不能與台灣的政府進行官式的外交往來。此外，印尼政府為了引進台灣的經濟動能，來協助印尼國內經濟的發展，因此會積極地尋找如何加強對台灣關係之交往模式。不過，印尼基於「互助合作」的外交精神，儘管中國的因素在印尼制定兩岸政策中具有關鍵性；只要台灣方面能夠提出對印尼有幫助的政策，則印尼仍然希望接納來自台灣的協助，這也是為什麼台灣還要再次推行「新南向政策」的因素之一。[208] 其實印尼政府憂慮中國的影響力，乃是基於印尼國內的華人掌控著該國大部分的經濟活動，故願意採「互助合作」的態度與兩岸的政府交往，旨在希望印尼國內的華人在兩岸間維持中立，反而對印尼團結與統一才能發揮正面的作用。

二、印尼國內發展需要與國外的「互助合作」

　　對中國而言，印尼是石油輸出國組織的成員國之一，

208　過去的「南向政策」指的是經濟部曾於 1994 年 3 月報請行政院核定「加強對東南亞及澳紐地區經貿工作綱領」，針對泰、馬、印、菲、新、越、汶等東協七國，促進台灣對當地的投資貿易，參閱國貿局，「加強對東南亞及澳紐地區經貿工作綱領」，經濟部國貿局網頁，<http://npl.ly.gov.tw/npl/report/900425/5.pdf>（2016 年 11 月 1 日）。另經濟部國貿局於 2009 年 12 月 13 日在第 6 期加強對東南亞地區經貿工作綱領中，再次提及藉由加強與東南亞國家經貿等合作關係，促進台灣與東南亞地區經濟共同成長，使台灣成為「全球化經濟島」。參閱國貿局，「第 6 期加強對東南亞地區經貿工作綱領」，經濟部國貿局網頁，<http://www.trade.gov.tw>（2016 年 10 月 1 日）。

該國的石油蘊藏量目前估計約有 500 億桶，天然氣儲存量則約為 73 萬億立方公尺，並擁有其他如煤、銅、錫、木材、橡膠等天然資源的巨大儲藏量。[209] 因此，中國希望與印尼交好，以爭取印尼對中國輸出天然氣、石油等天然資源。而對於印尼來說，自從 2005 年 7 月當時的總統蘇西洛在印尼與中國簽署建立「戰略夥伴關係」之初，即展開首次訪問中國行程，兩國除發表聯合聲明外；並將 2010 年定為「中印尼友好年」，希望加速增進雙邊關係。因此，之後中國與印尼關係發展逐漸趨於密切，互訪頻繁，其中主要有 2006 年 10 月間蘇西洛總統訪問北京，蘇西洛並強調該兩國在能源方面合作之重要性。[210] 印尼與中國進行能源的合作，由印尼提供石油等天然資源，中國則相對地開放其國內市場做為回饋，此印證印尼在與中國簽署戰略夥伴關係之後，雙邊在政治、經濟發展領域上持續朝著「互助合作」方向邁進。

　　由於中共建政初期套用了所謂的「蘇聯模式」來治理中國，將大陸社會制度轉換成實行公有制的社會制度。[211] 當時在中國，社會主義的意識形態濃厚，並在中國的政治發

209　劉賽力，中國對外經濟關係（北京：中國人民大學出版社，2009 年 2 月）：189。

210　中國國務院，「中國印尼第二次能源論壇在上海舉行黃菊出席」，中國國務院 網，<http://www.gov.cn/ldhd/2006-10/28/content_426366.htm>（2019 年 5 月 14 日）。另印尼當地最大新聞媒體曾對此發表專文，詳細評論印尼與中國在能源領域合作之利益，並認為有利於未來該兩國間的合作與外交關係之增進。參閱 "ASEAN-China Harus Bekerja Sama," *KOMPAS*, 1 November 2006.（印尼文）

211　寇健文，「中共菁英政治的研究途徑與發展」，中國研究 47 卷 3 期（2004 年 9 月）：2。

展過程中占有重要地位，例如「文化大革命」的政治運動。[212]
而在其外交政策上更是受到意識形態的影響，最明顯的即是
在毛澤東時期，曾與前蘇聯在意識形態上發生分歧，進而修
正中國的對蘇政策。[213] 但嗣後到了鄧小平時代，中國與前蘇
聯開始談判關係正常化，在外交的議題上，從對意識形態的
爭論，開始轉向到以國家利益為考量重點，此亦成為之後中
國衡量外交政策的趨勢。[214] 中國自 1978 年推動改革開放政
策後，便以經濟與貿易領域的合作，當做是與其鄰國發展雙
邊友好關係的主要考量，希望能夠藉由在經貿領域的結盟，
以及中國「睦鄰外交」政策的推行，來消除外界對「中國威
脅論」之疑慮。[215] 因此，當印尼採取「互助合作」的外交政
策時，與中國對外的經貿睦鄰可以相互對接，有利於印尼接
受國外的協助，尤其是來自中國的合作善意並幫助印尼發展
國內的經濟。

　　印尼佐科威（Joko Widodo）總統在 2014 年就職前，曾
發表了一篇吸引外商投資印尼的演說，其目的在於建設印尼
成為東南亞的貿易與製造業的中心。佐科威主張在印尼的雅
加達要成立一個所謂「一站式服務辦公室」，即對外貿易
所有需要的核准過程，透過該辦公室一次予以處理完成，

212　劉曉，意識形態與文化大革命（台北：洪葉文化，2000 年）：168。
213　楊公素、張植榮合著，當代中共外交理論與實踐（北京：北京大學出版社，
　　　2009 年）：183。
214　錢其琛，外交十記：6。
215　宋鎮照等合著，中國與東協的新政治經濟──建構主義的觀點（台北：五南圖
　　　書，2010 年 12 月）：3-5。

以簡化長期以來印尼被外界抱怨外資申請投資需時漫長。[216]
印尼這項新的配合對外經貿活動之政策，充分顯示印尼政府
對外採「互助合作」政策的落實。當然，1990 年代是台灣
與印尼的經貿合作高峰期，那時台灣施行了所謂的「南向
政策」。[217]尤其印尼政府同意台灣在雅加達與泗水兩地設立
「台灣國際學校」，讓台商子女可以獲得良好的中文教育，
使台商能夠安心在印尼投資。其實，在印尼尚未開放中文的
教育之前，能夠特許以中文為主的國際學校在印尼開辦，顯
示印尼為了引進國外經濟力量來協助其發展之用心，印尼對
於台灣實際上已表現出「互助合作」之友善態度。近期印尼
總統佐科威更於 2019 年 4 月下旬的一次對該國財稅官員的
講話中，再次強調了簡化外國資金投資印尼申請對印尼經濟
發展的重要性。[218]

216　中央社報導「台灣印尼必須持續合作」，中央社新聞網，<http://www.cna.
　　　com.tw/news/firstnews/201408240010-1.aspx>（2017 年 12 月 30 日）。

217　過去的「南向政策」指的是經濟部曾於 1994 年 3 月報請行政院核定「加強
　　　對東南亞及澳紐地區經貿工作綱領」，針對泰、馬、印、菲、新、越、汶
　　　等東協七國，促進台灣對當地的投資貿易，參閱國貿局，「加強對東南亞
　　　及澳紐地區經貿工作綱領」，經濟部國貿局網頁，<http://npl.ly.gov.tw/npl/
　　　report/900425/5.pdf>（2016 年 11 月 1 日）。

218　KOMPAS"Jokowi: Kemudahan Investasi Membaik, Indonesia Jadi Incaran Investor
　　　Asing", KOMPAS <https://nasional.kompas.com/read/2019/04/23/15285921/
　　　jokowi-kemudahan-investasi-membaik-indonesia-jadi-incaran-investor-asing>(2019
　　　年 5 月 14 日)。（印尼文）

第二節　印尼的「互助合作」外交有利提升 國際地位

印尼自 1998 年「五月騷亂事件」（Kerusuhan Mei／印尼政府定案名稱）之後，因為該國的整體經濟幾乎崩盤，社會治安嚴重敗壞，不安定氣氛充斥全國，所以當時國際上對於前往印尼投資興趣缺缺，除了使得印尼的政經情勢不穩之外，印尼的國際形象也非常低落。因此，自那時候開始，印尼的對外政策即以重拾國際形象為首要。而為了要建立良好的對外關係，印尼的「互助合作」外交作為，將有助於印尼能夠敞開胸懷與外國交往，尤其是區域大國中國。現在的印尼是東協國家中唯一的 G20 成員國，顯示印尼國內的政經發展受到國際的肯定，該國的國際地位也因此大幅地上升，若繼續要在國際組織中運作自如，則印尼採取「互助合作」外交政策，應將會是一種有效的手段。

一、印尼藉「互助合作」外交強化對外關係

若從東協的整合與促進區域的安全等方面觀之，印尼應會認為中國是強鄰，因此印尼將很難以單一國家的力量，在政治、經濟或是安全等其他的領域上，來與這樣的大國進行對等談判，更別說是為了國家利益來進行抗衡。所以印尼很希望要爭取到區域國家的整體合作實力做為後盾，而東南亞的區域安全機制就是印尼需要憑藉的運作基礎。在東南亞的發展歷史上，政治與軍事議題通常會被聯繫在一起做為整體的安全議題來考量；不過，東南亞國家間也會存在彼此的衝

突關係，最明顯的就是領土與領海的爭議。[219] 例如印尼與馬來西亞在婆羅洲北部存有黎吉丹島（Pulau Ligitan）和西巴丹島（Pulau Sipadan）兩島嶼的主權爭議，儘管之後國際法庭將該兩島主權判給了馬來西亞。[220] 但就印尼的對外關係而言，類似其與馬來西亞間的紛爭，可能還會在其他東南亞國家之間發生；因此，印尼傳統的「互助合作」精神，應可做為化解東南亞國家內部糾紛的出發點。此外，從東協的角度來分析，也可以採用「互助合作」的外交方式，來結合整體東南亞國家的力量，以此抗衡來自區域外對東南亞的干擾，當然也就能夠在與中國交往時爭取到東協整體的最大利益。

如眾所周知，印尼自第 13 世紀起，當地多數信仰回教的小王國逐漸相互兼併，並消滅了原來在印尼境內佔多數的印度教與佛教的國家，擴大回教在印尼地區的影響力，目前印尼已是全世界回教信徒最多的國家（2 億 6 千萬人口，約 90％以上為回教徒）。約自 16 世紀開始，歐洲探險船隊為尋找新的香料產地而來到印尼群島，歐洲的文化也隨著這些商人的足跡，逐漸開始在當地擴散開來。[221] 由於過去包括印尼在內的大部分東協國家均遭受過西方國家的殖民統治，且在第二次世界大戰後的爭取獨立期間，僅僅是由國際大國依據列強勢力範圍來劃分國界，因此割斷了東南亞在民族、文化、宗教等領域之傳統聯繫。再加上各國的獨立運動有不同

219　鄭先武，安全、合作與共同體（南京：南京大學出版社，2009 年）：180-183。

220　Walter Woon, *The ASEAN Charter: A Commentary* (Singapore: NUS Press, 2015), 197-198.

221　Koentjaraningrat, *Manusia Dan Kebudayaan di Indonesia*, 24-29.（印尼文）

派別之人士共同參與，因此之故，需要在各個不同團體間進行協商或是合作，並依賴區域內國家的相關制度與協商程序來維護國家間的和諧關係。[222] 因此，「互助合作」的文化在東南亞區域甚受重視；同時，另一方面，也反映出東協國家為維護與爭取自身國家的利益，而不會依賴某一特定的強國和集團勢力，並能夠採取相對較為獨立而且符合東協國家的外交政策與立場。

現階段由於中國的快速崛起，使得中國成為印尼對區域外關係發展上的重要國家，尤其近年來中國較過去更多地參與國際活動或區域組織，顯示中國已願意投入國際社會並參與國際的合作。[223] 因此，也有大陸學者指出，中國對外的戰略文化，逐步展現出和平、發展、合作、公正與人權，其中的「合作」一項，是希望從「和平共處」到「互惠雙贏」，甚至是「多贏」。[224] 在中國採取上述的外交策略下，印尼的「互助合作」外交模式很容易可以與中國的外交作為相互呼應。因為不論是中國或是印尼，這兩個國家的政府都會想與鄰國交好，在各國都能相互協助之下，以及在政治、經貿、社會、文化等各種領域上進行互通有無，這樣甚能符合印尼傳統的「互助合作」精神，也有利於東南亞各國的對外關係發展。

---

222 王子昌，東盟外交共同體──主體及表現（北京：時事出版社，2011 年），頁 125-129。

223 Alastair Iain Johnston, "Is China a Status Quo Power," *International Security*, 27: 4 (Spring 2003): 12-13.

224 俞新天，「中國對外戰略的文化思考」，現代國際關係 12 期（2004 年）：23。

二、印尼基於「互助合作」參與國際活動

印尼雖在東南亞地區不論是以人口、幅員、總體經濟的實力等方面來說，已具備做為一個區域大國的資格，但是印尼對外沒有宣示特殊的國家利益需要追求，雖然與部分東協國家經常爭取領導東協的地位，使得就算印尼擁有廣大的領土與眾多人口，以及豐富的天然資源，惟因缺乏做為區域大國的戰略，未來仍將需要長時間的持續經營，才有機會成為一個真正的區域大國。[225] 儘管印尼已自 1997 年亞洲金融風暴的經濟衰退中復甦過來，並在 2003 年推動東協在政治與社會安全領域的整合方案，也加強了與美國、中國，以及印度等國際大國的雙邊外交關係，而且成為東協國家中唯一的 G20 成員國。可以說印尼目前不論在國內政治、經濟與安全事務上均有良好的表現，以及整體國力也迅速的上升。[226] 因此，追求大國地位似乎可以成為印尼現階段的國家戰略目標，發展與大國的關係也成為外交戰略的重點，尤其是在與中國這個東亞大國的交往上更需要謹慎。

如果觀察印尼的對外關係發展情勢，首先當然是要與區域大國中國打交道，但是有印尼國內的學者認為，與中國進行經濟貿易的往來，由於印尼對中國的出口多為木材、天然氣等自然資源；相反地，印尼卻是從中國進口已製作完成

225　Lina A. Alexandra, "Indonesia as a [Possible] Leader in the New Regional Architecture: Future or Illusion?" *The Indonesian Quarterly* 41:3 (Third Quarter 2013): 108.

226　Shafiah F. Muhibat, "Indonesia and the Concept of Regional Power," *The Indonesian Quarterly* 41:3 (Third Quarter 2013): 109.

的產品，或者大多數是需要再加工的零件等半成品，因此擔憂這樣會影響到印尼國內產業的生產能力。[227] 就算是近期中國協助建造雅加達至萬隆的高速鐵路，這些建設除了土木基礎建築是由印尼當地取材完成外，其他具有較高科技含量的高鐵車輛與機電設備，還是由中國製造完成後運往印尼。從上述的例子，可以見到印尼與中國交往，其實是基於一種「互助合作」的關係，在印尼與中國間，彼此能夠互通有無，各展所長，這樣也滿足了兩國各自發展的需要。此外，印尼也利用中國目前對外的共同發展政策，在中國希望加強與東協組織關係之際，也使中國能夠更加重視印尼這個區域大國。[228]

除了中國之外，美國也是對東南亞具有重要影響力的國際大國，而回顧印尼與美國的關係發展，印尼係於 1950 年 12 月 20 日派駐美國的印尼大使，正式與美國建立外交關係。雖然印尼與美國關係發展也經歷過迭宕起伏，惟目前該兩國關係發展趨勢是朝正面的方向，尤其是在 2010 年 11 月 10 日美前總統歐巴馬（Barack Obama）在訪問印尼期間，與印尼簽署了「夥伴關係」，並確定在社會、環境、教育、貿易、安全與能源等方面加強合作。嗣後亦於 2011 年的雙邊外長會議中，更強調美國與印尼兩國未來在戰略與區域安全事務上的合作方向。此外，還有從 2002 年開始的印

227　Hadi Soesastro, 〝Hubngan Indonesia-Cina Mana Dagingnya?〞, 105.

228　Mari Pangestu, "The External Environment and China Factor: Implications for Indonesia," *The Indonesia Quarterly* (CSIS Indonesia, Fourth Quarter 2004), 238.

尼與美國之國防對話，而自 2005 年起美國恢復了對印尼的軍事教育與訓練的協助。美國也為了協助印尼的反恐工作，於 2011 年協助印尼成立了打擊恐怖主義活動的「88 特種部隊」（Pasukan Khusus 88／印尼文），使雙方在安全合作關係上更為緊密。[229] 從以上印尼與美國的交往關係看來，大多情況都是屬於美國協助印尼，當然印尼也對美國保持開放的態度。其實，印尼是基於傳統的「互助合作」精神與美國往來與互動，因為美國希望透過印尼做為涉足東南亞事務的著力國家；印尼也就趁美國有這樣的需要，在美國給予印尼上述多項協助下，印尼與美國可以順理成章地建立起兩國間的戰略夥伴關係。

印尼總統佐科威（Joko Widodo）即曾於 2014 年 11 月 13 日的緬甸東亞高峰會上表示，印尼對於亞太地區包括印度洋海域的航行安全非常關注，希望各國在相關海域上不只是重視開發天然資源，也要共同維護海上的航行安全，才有利於落實「南海各方行為宣言」，並能發揮正面的作用。[230] 佐科威總統上述的說法，已隱含了印尼的「互助合作」外交之精神，希望東南亞各國均能以「互助合作」為出發點，共同維護南海的穩定與安全，此亦可做為檢驗印尼「互助合作」外交的參考。

229　參閱印尼外交部網頁，<http://www.kemlu.go.id/washington/id/profil.aspx>（2017 年 10 月 1 日）。（印尼文）

230　"Jokowi Ingin Jalur Samudra Indonesia-Pasifik Aman"，參閱印尼時代報新聞網，<http//www.tempo.co/read/news/2014/11/1/118621686>（2014 年 11 月 3 日）。（印尼文）

第三節　對中國的「互助合作」外交考驗印尼對外平衡政策

　　儘管「互助合作」的外交政策能夠讓印尼強化對外交往關係，有助於印尼參與各種國際活動，但是在面對詭譎多變的國際環境下，以及為了國家的生存與發展不免會與區域內的國家產生競爭關係。因此，源自於印尼傳統的「互助合作」外交模式，應可做為因應國際關係變化，以及調整印尼與他國關係的政策運用。不過，由於印尼向來主張獨立自主的外交立場，當其對中國採取「互助合作」外交作為時，恐將造成印尼對其他國家關係的傾斜。例如特別地對某一國的過度依賴，或是太過親密，而影響了印尼對外關係的平衡。因此，若要維持對外關係的平衡，則印尼在採取「互助合作」政策時，勢將會面臨到一定程度的考驗。

一、印尼採「互助合作」外交有利區域國家關係的平衡

　　有些學者在研究東南亞國家與中國的外交關係時，認為東南亞國家一般都會衡量自身的國家利益來採取不同的政策，這些政策可以歸納為「跟隨政策」（bandwagon with）及「對抗平衡」（balance against）兩種類型。只要當實力相對弱小的東南亞國家，在評估基於國家安全領域所遭受到威脅之強弱時，再加上以經濟領域來評估與個別國家彼此間的依賴程度，綜合分析後才來決定是否採取參與行列的配

合式跟隨政策，還是會以希望減少損害的抗衡政策為主。[231]
由於中國積極拉攏東南亞區域國家，並期待東南亞國家都能
夠跟隨中國的對外政策，例如支持「亞投行」的設立，東協
國家均紛紛表示響應。而此時印尼的「互助合作」外交模式，
除能促使東協國家內部的合作外，也能適時與中國維持良好
關係，使東協各個國家之間在與中國交往時，比較有可能達
致對外關係的平衡。

　　提到外交的平衡關係，其實對東南亞地區具有重要影響
力的國家，除中國之外就是美國了，尤其是對於美國國務卿
希拉蕊（Hillary Diane Rodham Clinton）曾於 2009 年 7 月訪
問泰國時所發表有關「美國重返亞洲」談話，外界分析認為
美國的態度將會影響到區域相關國家的對外政策。此外，希
拉蕊也曾在 2010 年的河內舉行之東協區域論壇上，表示美
國期望能在南海主權爭議上，扮演一個中間者的角色。[232] 由
於美國對區域的介入有可能會持續增強，此恐將刺激中國反
而更加地積極拉攏包括印尼在內的東南亞國家；當然印尼也
可以藉遊走於中國與美國兩強之間來爭取國家的最大利益。
不過，不論美國對亞洲事務的參與程度如何，似仍將對印尼
與中國的外交關係產生一定程度的影響；可能需要藉由印尼

231　參　閱 Ian Tsung-Yen Chen & Alan Hao Yang, "A Harmonized Southeast Asia
? Explanatory typologies of ASEAN countries' strategies to the rise of China,"
Pacific Review 26:3 (2013): 265-280.

232　美國國務卿希拉蕊於 2009 年 7 月在泰國發表「重返亞洲」談話後，美國總
統歐巴馬嗣後亦於 2009 年 11 月訪日時，對外指出美國已將「重返亞洲」
列入該國外交政策。Lina A. Alexandra, "ASEAN di Tengah Multilateralisme
Asia: Tantangan dan Peluang bagi Sentralitas ASEAN," *Analisis CSIS 39:4(*
Desember 2010), 448.（印尼文）

分別對中國及美國採取「互助合作」外交政策，才能維繫印尼對美國與中國在東南亞區域的平衡關係。

　　在提到有關印尼對區域國家的平衡關係時，印尼的兩岸政策也將會是一項觀察的重要因素。由於北京政府在對外的國際場合，迄目前仍以中國唯一的合法政府自居，壓縮了台灣參與國際活動的空間。因此，印尼政府在策定對台灣與對大陸的兩岸政策時，勢將會考量到國際社會中習慣討論的所謂中國因素，尤其印尼政府非常遵守該國認為的「一中」政策。但是印尼基於自身國家利益考量，是會以「互助合作」為出發點，對中國可以建立高度經貿依賴與互惠的關係。雖然印尼在南海島嶼主權爭議上有納杜納島（Naduna）位於南海南端，鄰接中國宣稱的南海主權海域；惟印尼與中國對於南海主權問題之爭議，在程度上，不若越南與菲律賓和中國間紛爭之強烈。此外，印尼政府對台灣的「互助合作」則甚為符合 2016 年上任的蔡政府之「新南向政策」，為爭取更多台灣對印尼的投資，並且加強印尼與台灣的關係，印尼若採取較友善的對臺政策，或能平衡印尼對中國可能的過度依賴。

　　習近平於 2013 年 10 月間訪問印尼時，雙方即順利達成共識，同意提升兩國關係為「全面戰略夥伴關係」，未來發展將更受國際矚目。[233] 由此預判印尼的「互助合作」外交

233　習近平係於 2013 年 10 月 2 日至 8 日訪問印尼，並於 10 月 3 日受邀在印尼國會發表演說，習近平並與印尼總統蘇西洛進行會談，雙方同意提升兩國關係為「全面戰略夥伴關係」。新華社新聞網，<http://news.xinhuanet.com/word/2013-10/02/c_117587755.htm.>（2017 年 12 月 1 日）。

模式之運作效果，將會有利於中國參與東南亞區域之合作，以及增加中國所倡導的 RCEP 之成功機會。[234] 雖然在冷戰期間，印尼採取的反共立場影響到了其對中國的外交關係，尤其是印尼曾歷經過三十餘年的蘇哈托（Suharto）總統之威權統治；該段時期美國也對印尼提供了相當的軍事訓練與各種協助，才能鞏固印尼的反共立場，對印尼與中國的交往關係產生相當關鍵的影響。[235] 因此，印尼的對外關係歷來確實是與國際情勢變化有關，特別是冷戰時期的國際大國，例如中國與美國等。不過，印尼在「互助合作」的外交原則下，仍有能力調節或平衡印尼對美國或是印尼對中國的關係發展。

二、印尼與中國關係發展面臨美國的挑戰

由於中國的國力目前仍在繼續提升，尤其在經濟與軍事方面發展迅速並受到國際矚目。雖然中國一直對外宣稱不會向美國挑戰，但若從經濟發展的層面來講，因為中國對東南亞地區的經濟影響力，已經超越美國自第二次世界大戰結束後一直對該地區所擁有的主導地位，這樣的情勢恐會使得中國周邊區域的國家必須要在其與美國之間，尤其是印尼等東南亞國家，將就國家自身的立場與外交傾向，做出一種跟

234　Sjamsul Arifin, Dian Ediana Rae, Charles R. Joseph, *Kerja Sama Perdagangan Internasional: Peluang dan Tantangan bagi Indonesia* (Jakarta: Elex Media Komputindo, 2007), 263-264.（印尼文）

235　劉宏，中國——東南亞學：理論建構、互動模式、個案分析（北京：中國社會科學出版社，2000 年 6 月）：360-363。

隨或是抗衡的選擇。[236] 因此，鑑於在東南亞特別是印尼這個區域大國，由於中國與美國均在區域內具一定的影響力，使得印尼在對外關係上必須謹慎處理。誠如前述印尼自獨立建國開始，即與美國建立了外交關係，尤其是近年來雙方的關係已日趨緊密，並於 2010 年建立了戰略夥伴關係，美國協助印尼參與反恐，印尼也加強與美國的經貿關係，顯示印尼與美國的「互助合作」還會持續地強化。

由於全球化發展使國際間互賴的情勢加深，各國更需要帶著「互助合作」的精神來參與區域內的國際交流與政經互動。[237] 儘管印尼也需要維護好與中國的關係發展，但為避免印尼太過於依賴中國，印尼同時必須也與能夠抗衡中國的美國維繫一定程度的密切關係，印尼的對美國與對中國關係，屬於一種平衡外交的作法。在美國的對亞太外交政策中，其實非常關注目前中國經濟的持續崛起，以及其與區域內國家快速提升的貿易互動。美國亦認為東亞地區經濟的整合應該是遲早會成功，尤其東協已計畫朝向成為類似歐盟的共同體方向發展，並自 1990 年代起陸續地啟動區域整合的進程，尤其是中國與東協自由貿易區的實踐。[238] 所以從上述西方的角度觀察，促成東協整合的核心意識之一，應該是東南亞國

236　Robert Sutter, "Why Does China Matter." *The Washington Quarterly* 27:4(2003): 76-77.

237　在具互賴關係的國家之間，有包括人員及財物等的流通。參閱 Robert Keohane and Joseph Nye, *Power and Interdependence* (New York: Harper Collins Publishers, Second edition, 1989), 8-9.

238　Michael Cox and Doug Stokes, *US Foreign Policy* (New York: Oxford University Press Inc., 2012), 271-272.

家均能採取「互助合作」的精神，甚至這樣的政策與作法已經促成東協與中國發展進一步的合作關係，並出現平衡西方國家進入東南亞地區的情勢。

　　一般而言，國際上實力較弱的國家，也就是非區域大國以上實力的國家，大多是利用不同國際集團勢力之間的互助與對抗，維持區域內各大國力量平衡的戰略。[239] 若印尼想要達成上述的戰略目標，則源自於印尼傳統「互助合作」的外交政策，將會有利於印尼在國際大國對東南亞發揮影響力之際，爭取到最大的國家利益，因為印尼可以全面地進行多方交流與自主的互助合作。例如東協國家曾於 2011 年 12 月間在峇里島舉行第 19 屆東協峰會，該會議對美國將在澳洲增加駐軍乙事，一致認為美國的目的是在防範中國的國力上升，由於美國增加駐外軍力恐造成區域安全議題，故引起當時印尼的國內輿論及社會各界之激烈反應。[240] 事後美國政府為了消弭國際疑慮，嗣於 2012 年 1 月發表聲明，稱其在澳洲增派駐軍只是為了維護區域穩定，而非針對中國，不會造成區域的不安。[241] 其實，在中國與美國於東南亞競爭的情勢下，包括印尼在內的東協國家，除表面上與各方維持友好關係，也會以「互助合作」的方式，團結東協內部的力量俾獲得最大的利益。

239　白雪峰，冷戰後美國對東南亞的外交：209。

240　Patnistik, Egidius, "ASEAN Diam-diam Setujui Rencana AS," *KOMPAS*, 1 Decembe 2011.（印尼文）

241　Yu, Xinyan, "US making sure no countries dominate South China Sea," *Jakarta Post* 10 January 2012.

　　從美國的舉措來看，可預判中國在提升與東協合作關係之努力，必將會面對美國「重返亞洲」戰略所發出的挑戰訊息。儘管中國一再強調以共同發展為基礎，並透過國際的相互協調與合作來加強與區域國家的關係，以及會以利益共享來塑造東亞未來的整合。[242] 不過，自從中國提出所謂的「中國夢」理想，仍然使得周邊國家對中國的提防愈加明顯。[243] 因此，印尼傳統的「互助合作」精神在其對中國外交發展上，應能發揮緩解中國崛起帶來恐懼的壓力。但由於中國的發展與崛起情勢不變，再加上持續高調地推行其「一帶一路」政策，不難想見，國際上包括美、日等其他國家勢將會提出相應的制衡對策，這樣的發展將是印尼與中國「互助合作」交往所需面臨的重要挑戰。

第四節　小結

　　當然，由於印尼是一個多元民族與文化的國家，在其國內若要達致多數民眾的共識，以及實行印尼政府制定的各項政策，實有其困難之處；加上當地除了印尼的原住民族之外，印尼華人因為是參與經濟活動的重要族群，對印尼的國家經濟發展具有一定程度的貢獻。因此，「互助合作」也是

242　王成至，多邊合作與中國外交（北京：時事出版社，2009 年）：14-15。

243　習近平在莫斯科國際關係學院發表演講時闡述，實現中華民族偉大復興，是近代以來中國人民最偉大的夢想，稱之為「中國夢」，參閱「習近平在莫斯科國際關係學院的演講」，人民新聞網，<http://politics.people.com.cn/n/2013/0324/c1024-20892661.html.>（2017 年 10 月 12 日）；另習近平在2012 年 11 月 8 日「中共十八大」報告中即曾多次提到中華民族偉大復興，參閱〈習近平關於實現中華民族偉大復興的中國夢論述摘編〉，人民新聞網，<http://theory.people.com.cn/BIG5/68294/388648/>（2017 年 11 月 2 日）。

印尼國內各個民族融合的基本條件，並成為國家繼續成長的關鍵因素之一。綜上觀之，「互助合作」在印尼國內不僅是一個傳統的信念，透過印尼民眾的實踐，促進了國家的和諧，使得印尼雖然擁有眾多不同的民族，也能夠相互體諒，彼此幫忙，才能共同地將每一位國民的力量投入到國家的建設當中。可謂是「互助合作」的生活態度，讓印尼這個國家得以持續地發展。

對於中、小型國家來說，處於詭譎多變的國際環境下，一個均衡的對外關係將是這類國家的最佳生存手段；因為可以藉由周旋於國際大國之間，取得各方勢力的制衡作用，爭取到國家的生存空間。因此，源自於印尼傳統的「互助合作」精神，正符合這樣的策略應用，尤其是在外交領域上，若採取「互助合作」的外交模式，將可爭取到左右逢源的周邊環境，能夠有彈性地因應國際情勢的變化。在印尼與中國的關係發展上，印尼藉由採取「互助合作」的外交政策，將會因為在政治或經濟等各領域的相互合作與互補，未來在雙方關係的提升上應會呈現出各種機會。如果再更為擴大來觀察，印尼「互助合作」的對外交往行為，延伸到整個東南亞地區，中國可以輕易地將其所宣揚的「21 世紀海上絲綢之路」政策，透過「互助合作」外交的包裝，爭取到東協國家的認同。

印尼不論是在內政處理上，或是外交事務的作為上，均可以藉由「互助合作」的原則獲取內部的團結與合作，以及對外關係的和諧。這樣持續的發展，讓印尼能自 1997 年的

亞洲金融風暴中快速復甦，並且改善了印尼整體的國家發展
環境。當時印尼政府希望提升國家的形象也似乎快要達成，
目前印尼已是 G20 的成員國之一，也是東協唯一的 G20 國
家，當然可以將印尼視作東協龍頭大國。不過，在一切似乎
看來順利的環境裡，也會有危機出現。因為，印尼政府所標
榜的平衡外交，有可能在印尼的「互助合作」政策指引下，
忽略了未與印尼擁有這樣合作關係的國家，造成印尼的對外
關係之傾斜。特別是印尼與中國之間，必須要有彈性的平衡
外交政策；否則，將會因為印尼與中國關係日益轉佳，使得
原先也對印尼有提供援助的美國被印尼冷落。以上均會是印
尼與中國發展「互助合作」外交關係時，可能必須要面對的
挑戰。

　　中國對印尼而言，應會是一個國力強大的鄰國，因此以
印尼單一國家的力量，實不易在政治、經濟、社會或是安全
等重要領域，去與中國如此大國進行對等的談判。這也是為
何東協的整合可以這樣快速地進行，原因即在東協希望透過
全體東協國家的力量來達到一個共同目標，或是團結的東協
更能以集體的力量來與中國進行平等的對話，藉由保障了整
體東協國家的利益，才能夠維護各個東協國家的自身利益。

　　中國對東南亞區域國家的積極拉攏，並希望東南亞國
家都能配合中國的外交政策，也初步獲得東協國家對中國主
導的「亞投行」給予支持。顯示印尼的「互助合作」外交模
式，除能促進東協國家內部的團結合作之外，也能適時讓東

南亞國家與中國維持良好關係，使東協不論對任何國際大國
均能保有平衡的外交關係。儘管印尼與中國雙方的對外政策
都帶有「互助合作」的意涵，但是該兩國彼此間仍然存在可
能發生衝突的潛在因素，包括雙方國家體制的不同，可能有
意識形態上的差異；以及雙方對美國關係的親疏，有可能在
外交政策上存在不同的立場，出現在國際場合的意見衝突；
當然也可能因印尼與中國關係在「互助合作」下逐漸提升，
使得印尼希望維持的平衡外交遭遇到其他像美國、日本等重
要大國的挑戰。

第七章　結論

　　要想概括且精準地來分析印尼與中國的關係發展並非易事，因為除了眾所周知的，該兩地間的民眾往來具有悠久的歷史，使得印尼華人的因素在印尼與中國關係上扮演了特殊的角色之外，一般較少從印尼本身的文化觀點來討論該兩國的關係發展歷程。筆者基於個人具有印尼華裔後輩之背景，以及過去在印尼長期工作與生活之體驗，期能在印尼多樣與燦爛的文化中，找尋出印尼文化對中國外交關係之影響因素。而在諸多可能影響印尼與中國外交關係的因素裡，印尼傳統「互助合作」精神似乎能給予印尼對中國關係發展上一定程度之詮釋。

　　這個「互助合作」（Gotong Royong）的生活態度已在印尼被多數的民眾所認同，反映在該國的政治或是經濟生活裡，也將有其一定的實踐程度與對外彰顯的影響力，尤其是在印尼與中國的外交關係發展過程中，自然而然地有了印尼傳統的「互助合作」概念之影子。過去在冷戰時代裡，印尼與中國的關係曾歷經了長達 33 年的中斷時期，直到 1990 年 8 月印尼與中國才簽署同意雙方恢復正式的外交關係。之後也是經過了一段時間的建立互信，才在 2005 年更進一步地簽署建立「戰略夥伴關係」，以及於 2013 年再度提升雙邊關係為「全面戰略夥伴關係」。而每一次的關係轉變與提升，印尼政府多係考量到與中國加強關係的利益，尤其是印尼基於中國能提供較優於印尼付出的條件，特別在中國的國

力持續增強之際，印尼對與中國繼續維持友好關係，開始秉持著積極正面的態度，目的即在爭取來自中國更多的協助。

第一節　「互助合作」是印尼對中國外交政策的重要核心

　　「互助合作」一詞在印尼早已成為一個共同的生活概念，在印尼當地被叫做 Gotong　Royong（互助合作），其由來是沿襲早期印尼農業社會中，民眾之間彼此協助的相處之道。也就是在印尼一般村莊的家庭裡，因為需要人力來從事農務的操作，包括耕作與收成時，均需要大量的人力投入；故各個家庭間必須能夠互相支援與合作，來共同滿足不同時間的人力需求。尤其是在印尼大部分的地區是屬於熱帶雨林，所有的農作都要從伐木、墾地開始，並經過除草、施肥與收割等不同時期，而每一階段的工作，若是僅僅單靠一個家庭的有限人力，那是相當難以完成的。所以在印尼的普通鄉村中，只要是當哪一家需要大量人力的時候，其他的鄰居或家庭的族人，都會自動地願意參與並提供協助。因為等到下一次當自己需要同樣的幫助時，那些曾經被幫忙過的家庭或是族人，也就會毫無猶疑地提供帶有反饋意識的協助；這就是今天我們常見到的印尼「互助合作」精神的表現，並且依然被廣大的印尼民眾所奉行。

　　本書在對於印尼傳統的「互助合作」之討論中，其相關內容包括了印尼在政治領域的互助合作傳統精神，以及互

助合作的政治化與印尼政府的互助政治模式。也就是說，印尼傳統的「互助合作」精神之概念，除了代表印尼一般村莊裡的民眾，都會採行這樣的「互助合作」態度，用以共同維護社會上的和諧之外；甚至在印尼的政府施政風格上，依然是帶有「互助合作」的形象，讓印尼全國的民眾能夠協調一致的配合政府的施政。就像印尼的政府內閣名稱，也多半喜歡採用與印尼傳統的 Gotong Royong（互助合作）有關的代表名字；最常見到的就是這個與「互助合作」最為接近的「團結」一詞，例如「國家團結」（Persatuan Nasional）內閣（1999至 2001 年）；「互助合作」（Gotong Royong）內閣（2002至 2003 年）；「第一屆團結的印尼」（Indonesia Bersatu I）內閣（2004 至 2008 年）；「第二屆團結的印尼」（Indonesia Bersatu ll）內閣（2009 至 2013 年）；以及「務實工作」（Kerja）內閣（2014 至 2019 年）等。

　　本書係從印尼的「互助合作」之傳統意涵開始探討，藉以瞭解其對印尼國內政治文化的影響，以及在印尼對中國外交中所扮演之關鍵性角色。前文已從傳統的意義上來對照目前印尼和中國外交關係的現況，並透過觀察到印尼「互助合作」的重要特徵，做為印尼如何看待其與中國外交關係影響因素的基礎。並可以發現到印尼傳統的 Gotong Royong（互助合作）是從村莊中對人力需求所發展出來的一種生活模式，而逐漸地被大多數人所遵循；再經過長時間的演變，已經成為印尼民眾生活的常態，也對印尼的政治、經濟、社會，甚至新近的外交作為，產生了一定程度的影響。

　　印尼傳統的 Gotong Royong（互助合作）有團結一致與避免衝突之意，在印尼透過群體對這個「互助合作」的瞭解，任何的個人或團體相互之間，都會有互相體諒與協力合作的基本處事態度，當然彼此之間就能降低發生衝突的可能性。而從印尼政府成立的內閣多會採用「團結」、「互助」來代表該屆政府施政的精神看來，「互助合作」已被印尼民眾視為是一種組織內部機制運作的方式，印尼政府標榜「互助合作」精神，較易追求團結一致的決策認同；儘管也有不相同的意見，但是還可存有相互協調的機會。此外，來自印尼傳統的「互助合作」精神，也具有特殊的雙向回饋與利益共享的意涵；表示當雙方在進行互助與合作之際，彼此間已經給予對方一個認同感，透過這樣的基點讓雙方可以搭建一個溝通管道，相互交流毫無障礙，也都能體諒對方的立場與所面對之難處。

　　不過，在印尼的「互助合作」概念裡，當有能力的一方去幫助另一個弱勢的對象時，有能力者所提供的協助也會被弱勢的一方視為從對方得到了利益。如果在未來有機會讓弱勢的一方具備能力，而可以提供對方協助時；則前次獲益的一方必將會毫無猶疑地給予回饋，這樣雙方就會有一種「利益共享」的表現。其實在印尼的「互助合作」模式底下，各方所追求的目標可能就會是以「雙贏」、「共贏」等不同面向來呈現；此即是印尼傳統的「互助合作」精神的向上昇華，而且印尼政府本身也都會積極地去研究該國各地不同的 Gotong Royong（互助合作）精神，並經常對民眾宣揚，有

助於維繫社會的和諧。不論是一般在農務方面，另外也有像是東爪哇地區（Jawa Timur / 印尼名）的蠟染布的協力製作，以及在峇里島（Bali / 印尼名）的慶典活動上，對所需的準備工作均能夠提供支援與相互幫忙。

當然上述對於印尼傳統「互助合作」的歸納，主要是用於探討文中所關注的印尼與中國外交關係之發展，因此也從回顧由過去到現在印尼與中國的雙邊外交關係發展歷程，逐步地來分析出有關印尼的「互助合作」外交之主要模式，瞭解其對印尼與中國的外交活動如何發揮影響力。並藉由探討印尼重要傳統文化之一的「互助合作」（Gotong Royong）精神，尤其是表現在社會的和諧關係上，以及減緩衝突與提高互賴互助關係等的特徵；這些均屬於所謂的印尼「互助合作」之政治意涵，基此將可瞭解印尼「互助合作」的文化對其外交政策之影響，以及「互助合作」外交的操作模式。進一步當然可以瞭解印尼如何以「互助合作」外交來提升其與中國未來關係發展，特別是印尼的「互助合作」外交與中國向來即在強調的「和平共處」之外交原則，可能會有某種程度的呼應，因此有利於擴大印尼與中國雙邊加強合作的力度與範圍。

過去雖然印尼與中國曾經因為對共產主義的態度不同，讓雙方的外交關係中斷；尤其印尼政府的統治權曾經長期掌握在軍方手中，這些具有軍人背景的印尼政治人物立場傾向反共，使得印尼與中國關係的停滯維持了一段很長時間。不

過，由於印尼的軍人掌政或是涉政，與當時的國際環境之氣氛有關。因為美國在東南亞需要建立防堵國際共產勢力擴張的民主國家陣營，故對東南亞國家與中國間的關係往來極為關注；美國甚至藉由對東南亞國家的援助，經常影響著包括印尼在內的東南亞國家之對中國關係。至於東南亞國家政府是否採行民主政治，則非美國所在乎，其目的主在希望爭取到較多的東南亞國家之支持。因此，美國對於部分的威權統治國家較為容忍，其中也包括了印尼，此一時期可說是印尼與中國關係發展的低潮時段。

當印尼與中國於 1990 年 8 月恢復正式官方外交關係之後，雙方關係得以修復並有機會快速發展；但儘管中國與印尼於 2005 年即簽署「戰略夥伴關係」，惟因印尼政府鑑於過去其國內的印尼共產黨曾發動過奪權政變的經驗，造成印尼政府對於中國的共產黨政權仍具有戒心，無法完全信任中國政府，致使雙方關係沒有因簽署戰略夥伴關係而明顯提升。不過，等到 2013 年中國的第五代領導梯隊順利接班後，外界持續討論中國內部的政治發展是否將邁向制度化等議題；儘管習近平修改了領導人任期限制，但因資訊與通信發展的日新月異已不可擋，未來中國的政治透明度應有機會提升，其對外政策之可信度亦將相對地增加。尤其中國可藉拉攏印尼，並爭取印尼對中國的支持，間接提升中國在區域內的霸權國家地位；而另一方面，反過來，印尼亦可藉此爭取中國的支持，來凸顯印尼在東協組織中的龍頭大國地位，也同時提升了印尼的國際地位。

　　在印尼與中國的交往當中，只要是印尼政府認為中國所提出的政策，能符合印尼的國家整體利益，而且對印尼是一個具有回饋性質的「相互合作」，則印尼基於傳統上帶有相互幫忙，以及回饋互利的「互助合作」精神，才會願意與中國增進外交關係的發展。尤其是印尼與中國雖自 2005 年雙邊建立戰略夥伴關係，但因印尼仍對共產主義政權的北京政府不具信任感，印尼不認為與中國交往可以立即帶來利益，因此印尼並未基於與中國的戰略夥伴關係而積極加強雙邊關係發展。而是要經過一段彼此政府間建立互信的時期後，才逐漸於 2013 年開始進一步提升為「全面戰略夥伴關係」，同時出現較為具體的合作內容。特別是包括中國提供協助，強化印尼的基礎設施建設，以及中國同意協助印尼在農、漁業及相關產業的發展；除展現兩國的相互合作誠意之外，不論上述的哪一項印尼與中國的合作內涵，較大部分多係由中國方面來向印尼付出投資，使印尼成為最大的獲利者，才會被印尼視為符合所謂「互助合作」外交之精神，讓印尼願意與中國增近雙邊的外交關係。

第二節　印尼的「互助合作」外交促進中國與東協合作

　　本書透過審視印尼歷史上所參與的「萬隆會議」、建立「東協」組織的歷程，以及印尼在共組「東協加一」、「東協加三」、「東協加六」等重要國際活動，並由其中源於印尼「互助合作」政治文化之影響因素，進一步分析印尼依據

「互助合作」政治模式來提升參與國際建制現況，以及促使中國參與東協整合之情形。文中的論述對照於中國的共同發展戰略，尤其是中國提出「一帶一路」的經濟戰略，應能檢證印尼對中國發展關係採取「互助合作」外交策略，將有助於中國達成前述共同發展等對外戰略。也就是說，東協各國基於「互助合作」的交往基礎，並在東協達成整合的目標後，各國彼此間互賴情勢持續加深，更需要帶著「互助合作」的精神來參與區域內的國際交流與政經互動。所以中國的共同發展戰略也多少是帶有「互助合作」的概念。因此，未來中國勢將容易獲得來自東協國家的認同。

回顧過去中國的對外活動歷史，在毛澤東的時代，北京政府也曾經派遣過當時的總理周恩來出席與第三世界合作的「萬隆會議」；之後在鄧小平掌政時期，中國採取了改革開放的政策，希望大量引進外資協助大陸經濟的發展。因此，在早期的中國對外交往方面，也都可以看到中國的外交政策，似乎亦隱約帶有像印尼傳統「互助合作」式外交的影子。而到了近期的習近平上任國家主席後，曾經對外發表過所謂「中國夢」的想法，雖然引發了周邊國家的重視，擔憂中國可能藉此對其周邊地區進行擴張，威脅到該區域。儘管出現了上述對中國的負面看法，但是若從中國的對外發展政策來看，「一帶一路」或是「共同發展」政策，均需要中國周邊國家的配合，才可能成功。因此，中國的對外政策實與印尼的「互助合作」外交似有相通之處；印尼的「互助合作」精神，應有助於中國與包括東協國家在內的周邊地區國家發

展更為緊密的關係。

　　在綜合探討過印尼與中國的關係發展之歷程與特色之後，應可延伸分析有關中國與東南亞國家發展之趨勢。此亦凸顯出印尼「互助合作」的外交模式對區域發展之正面影響，並能解答以下的假設。首先，即「互助合作」的外交模式已是印尼對中國交往時考量之重要關鍵之一，當印尼與中國關係友好時，雙方將會展現出明顯的「互助合作」外交作為。從印尼與中國的交往歷史觀之，印尼獨立初期與剛成立的北京政府建立正式外交關係，當時即是因為印尼與北京都需要國際的承認與支持，所以很快地該兩國就能建立起密切的友好關係，雙方也因此而獲得各自所需要的國際認同之現實利益。相反地，當印尼與中國關係發展因印尼國內發生的「930事件」影響而凍結時，印尼因失去與中國共產黨政權交往的利益，甚至可能危害到印尼本身的國家安全；因此，在沒有「互助合作」的正面效益之下，印尼與中國的外交關係自然會下滑。

　　其次，印尼會希望中國能提供較優惠的合作條件，尤其是在印尼與中國雙方建立起戰略夥伴關係後，中國開始大力給予印尼協助，特別是包括經貿、農漁業發展，以及交通等基礎設施建設等領域，使印尼方面能感受到可以從中國獲得相對於印尼提供給中國利益更大的好處。印尼基於傳統「互助合作」內涵的「利益共享」角度來考量，已經自中國得到具有回饋式的協助，在印尼與中國的交往過程裡，只要中國

能夠持續地提供印尼所需要的利益，那麼印尼政府將會維持與中國的友好關係，繼續期待著中國會給予印尼更多協助的可能性。印尼採取這樣的方式與中國交往，甚至提升雙方關係為全面戰略夥伴關係；從印尼的角度觀之，符合本文所探討的「互助合作」意涵的外交作為。

由於中國近期曾對外提出將發展利益惠及周邊國家的「共同發展」戰略，有可能隨著印尼實踐的「互助合作」外交，未來有提升其成功之機會。只要中國方面能發揮「互助合作」的精神，就能招攬到包括印尼在內的東協國家之合作，最終共同達成區域整合的理想。由於印尼的「互助合作」外交也間接地影響了印尼以外的東協國家，除使得東協國家之間能夠以「互助合作」加強彼此的互賴關係外，在中國對東南亞的交往過程中，也能協助中國藉此參與東協有關事務。特別是中國在南海區域與位居群島的東南亞國家間存有島嶼和海域主權爭議，如果可以透過印尼傳統「互助合作」所建構的外交模式，也將有利於化解相關國家之間的紛爭。中國並可利用其提供給東南亞國家的各式各樣的協助，例如中國參與協助東南亞國家有關交通、農漁業與經濟發展等事項，爭取到東南亞國家對中國的善意，勢將有利於中國與東南亞國家的合作關係。

尤其中國的「21世紀海上絲綢之路」建設涵蓋了大部分的東協國家，故其實現，確實需要依賴中國能爭取到東協國家的「互助合作」。中國在透過參與東協整合的進程裡，

藉由「互助合作」之名義將較容易被東南亞國家接納，有利於提升與東協國家在各領域之關係；同時，中國也就能夠繼續地擴大對東協區域的影響力。不過，儘管印尼已願意與中國提升全面戰略夥伴關係，但印尼還是會基於國家利益為主要考量；因此，印尼的對中國之外交政策也將會隨著兩國關係的發展而有所調整。也就是說，當印尼需要中國協助時，「互助合作」的外交作為將會在印尼與中國的關係發展上明顯地呈現；這樣的關係發展亦將影響到中國與其他東南亞國家的互動關係，而且是朝向正面的有利方向來推進中國與東南亞國家的友好和合作關係。

此外，在全球化加上區域化發展的潮流下，東南亞國家的外交政策將更為獨立，且似乎已跳脫過去源自於冷戰時代的東西方陣營的對抗格局。特別是在經濟的自由化、政治的民主化，以及全球公民社會的逐漸發展下，讓包括印尼在內的東南亞國家於制定外交政策時，除將考量到各國的自身利益之外，也更將會基於「互助合作」的基本立場；並為爭取到來自區域外的大國之協助，尤其是與區域大國的中國之交往上，將展現更大的彈性運作空間。因此對印尼而言，由於傳統的 Gotong Royong（互助合作）精神影響著其對外關係之立場，中國也將會藉「互助合作」之名，進一步地使其與印尼的關係更為友好。

中國與多數東協國家的關係發展，主要是在中國開始對外改革開放之後，並在東協積極進行整合之際，中國也從

過去的「睦鄰友好」政策轉變到現在的「共同發展」政策，藉由能夠更多的惠及東協國家來增進雙方的關係。但是基於國際大國間的競合局勢變化，印尼與中國的「互助合作」外交關係，仍將要面臨來自傳統上即在東南亞區域擁有重要影響力的美、日等國之挑戰；使得印尼甚至所有東南亞國家都會在與中國發展關係的同時，也要顧慮到其他國際大國的感受。本書以印尼的「互助合作」視角，來分析印尼對中國之觀點，可以發現印尼基於這樣的「互助合作」傳統精神，對其與中國的關係發展提供正面的動因。讓印尼與中國能夠在經過長期的關係凍結後，很快地建立起政府間的互信，並達到現在的雙邊建立全面戰略夥伴關係之佳境。而且除印尼之外，其他的東協國家也會因為「互助合作」的擴散作用，促進了東協各國未來與中國的互動關係，對區域整體的和平穩定與持續發展，應能發揮貢獻。

參考文獻

一、中文部分

（一）政府出版品

中國外交部。中國外交。北京：2006 年。

中國外交部。中國外交。北京：2007 年。

中國外交部。中國外交。北京：2008 年。

中國外交部。中國外交。北京：2009 年。

中國外交部。中國外交。北京：2010 年。

中國外交部。中國外交。北京：2011 年。

中國外交部。中國外交。北京：2012 年。

中國外交部。中國外交。北京：2013 年。

中國外交部。中國外交。北京：2014 年。

中國商務部國際貿易經濟合作研究院。中國對外經濟貿易白皮書。北京：中信出版社，2003 年。

（二）專書

人民日報社。鄧小平文選第三卷。北京：人民出版社，1993 年。

中國社會科學院。東南亞概覽：當今世界高速發展的熱點地區。北京：中國社會科學出版社，1994 年。

中國國際貿易促進委員會。中國對外貿易第 2010 卷。北京：中國貿易雜誌社。2010 年。

方金英。東南亞「華人問題」的形成與發展。北京：時事出版社，2001 年。

王子昌。東盟外交共同體—主體及表現。北京：時事出版社，2011 年。

王帆。美國的亞太聯盟。北京：世界知識出版社。2007 年。

王成至。多邊合作與中國外交。北京：時事時事出版社。2009
　　年。

王良能。中共崛起的國際戰略環境。台北：唐山出版社。2000
　　年。

王受業、梁敏和、劉新生編著。列國志印度尼西亞。北京：社
　　會科學文獻出版社。2006 年。

王勇。中國「入世」後的中國與美國的經貿關係。台北：秀威
　　出版社，2007 年。

王高成。交往與促變：柯林頓政府對中共的外交戰略。台北：
　　五南圖書。2005 年。

王望波。改革開放以來東南亞華商對中國大陸的投資研究。廈
　　門：廈門大學出版社，2004 年。

王賡武。移民與興起的中國。新加坡：八方文化創作室，2005
　　年。

白雪峰。冷戰後美國對東南亞的外交：霸權秩序的建構。廈門：
　　廈門大學出版社。2011 年。

江炳倫。亞洲政治文化個案研究。台北：五南圖書，1989 年。

莊國土。二戰以後東南亞華族社會地位的變化。廈門：廈門大
　　學出版社。2003 年。

李美賢。印尼史。台北：三民書局。2005 年。

李寶俊。當代中國外交概論。北京：中國人民大學出版社，
　　1992 年。

宋鎮照等合著。中國與東協的新政治經濟－建構主義的觀點。
　　臺北：五南圖書，2010 年。

宋鎮照。建構臺灣與東南亞新世紀關係。台北：海峽學術出版
　　社。006 年。

………。臺海兩岸與東南亞：三角政經關係之解析。台北：五

南圖書。1999 年。

林若雩，東協共同體的建構與成立：「4C 安全文化」之理論與實踐。台北：三民書局。2016 年。

周煦，冷戰後美國的東亞政策 1989-1997。台北：生智出版社。1999。年

姚有志編，毛澤東大戰略。北京：解放軍出版社。2004 年。

胡鞍鋼，中國發展前景。浙江：浙江人民大學。1999 年。

翁明賢、吳建德、王瑋琦、張蜀誠主編，新戰略論。台北：五南圖書。2007 年。

許天堂，政治旋渦中的華人。香港：香港社會科學出版社。2004 年。

許家康、古小松。中國—東盟年鑑。廣西：線裝書局。2009 年。

張錫鎮。東南亞政府與政治。台北：揚智文化。1999 年。

張德廣編。變動的世界與中國外交。北京：世界知識出版社。2008 年。

張驥。國際政治文化學導論。北京：世界知識出版社。2005 年。

國防部史政編譯室。東南亞的安全困境。台北：國防部史政編譯局。2004 年。

………。東南亞在美國對中共策略中的角色。台北：國防部史政編譯室。2001 年。

陳一新。國際新形勢與美中台關係。台北：遠景基金會。2004 年。

陳欣之。東南亞安全。台北：生智文化。1999 年。

陳奕儒、林中斌。鬥而不破—北京與華府的後金融危機關係。台北：秀威資訊。2012 年。

陳健民。兩岸關係中的美國因素。台北：秀威出版社。2007 年。

陳喬之。冷戰後東盟國家對華政策研究。北京：中國社會科學出版社。2001 年。

陳傳仁。海外華人的力量—移民的歷史和現狀。北京：世界知識出版社。2007 年。

陳潔華。21 世紀中國外交戰略。北京：時事出版社。2000 年。

陳鴻瑜。東南亞政治論衡（二）。台北：翰蘆圖書。2001 年。

………。印度尼西亞史。台北：國立編譯館。2008 年。

雲昌耀。當代印尼華人的認同：文化、政略與媒體。台北：群學。2012 年。

黃裕美譯。杭亭頓（Samuel Huntington）著。文明衝突與世界秩序的重建。台北：聯經。2012 年。

程畢凡、謝陳秀瑜主編。中國與東盟國家經濟關係現況和發展趨勢。北京：中國社會科學出版社。1988 年。

楚樹龍、金威主編。中國外交戰略和政策。北京：時事出版社，2008 年。

楊公素、張植榮。當代中國外交理論與實踐。北京：北京大學出版社。2009 年。

楊永明。國際關係。台北：前程文化。2010 年 6 月。

翟強。冷戰年代的危機與衝突。北京：九洲出版社。2017 年。

蔡東杰。東亞區域發展的政治經濟學。台北：五南圖書。2007 年。

………。當代中國外交政策。台北：五南圖書。2008 年。

劉宏。中國—東南亞學：理論建構、互動模式、個案分析。北京：中國社會科學出版社。2000 年。

劉宏烜。中國睦鄰史。北京：世界知識出版社，2001 年。

劉富本。國際關係。台北：五南圖書。2003 年。

劉曉。意識形態與文化大革命。臺北：洪葉文化。2000 年。

劉賽力。中國對外經濟關係。北京：中國人民大學出版社。2009 年。

鄭先武。安全、合作與共同體。南京：南京大學出版社。2009 年。

僑務委員會。華僑經濟年鑑。台北：僑務委員會。1997 年。

錢其琛。外交十記。北京：世界知識出版社。2003 年。

聶德寧等著。全球化下中國與東南亞經貿關係的歷史現狀及其
　　趨勢。廈門：廈門大學出版社。2006 年。

蘇冠群。中國的南海戰略。台北：新銳文創。2013 年。

顏聲毅。當代中國外交。上海；復旦大學出版社。2004 年。

顧長永。台灣與東南亞的政治經濟關係－互賴發展的順境與逆
　　境。台北：風雲論壇出版社。1998 年。

………。印尼：政治經濟與社會。高雄：復文出版社。2002 年。

（三）期刊

王俊樺、張建中。「21 世紀海上絲綢之路背景下中國——東盟
　　經貿合作研究」。東南亞縱橫 7 期。（北京：2015 年）：
　　3-7。

王逸舟。「面向 21 世紀的中國外交：三種需求的尋求及其平
　　衡」。戰略與管理 37 期（北京：1999 年）：18-27。

宋鎮照。「中共與東南亞之政經關係與發展：回顧與前瞻」。
　　東亞季刊期 29 卷 1 期（台北：1998 年）：57-78。

李一平、曾雨棱。「1958-1965 中國對印尼的援助」。南洋問
　　題研究 3 期（廈門：2012 年）：27-36。

李文、陳雅慧。「中國與東南亞國家關係的全面改善及其動
　　因」。和平與發展 2 期（北京：22011 年）：43-73。

周弘。「中國援外六十年的回顧與展望」。外交評論 27 卷 5
　　期（北京：2010 年）：3-11。

邵軒磊。「中國威脅論之解析—以日本相關研究文獻為例」。
　　中國大陸研究 55 卷 3 期（台北：2012 年）：85-105。

時殷弘。「傳統中國經驗與當今中國實踐：戰略調整、戰略透
　　支和偉大復興問題」。外交評論 26 期（北京：2015 年）：
　　57-68。

俞新天。「中國對外戰略的文化思考」。現代國際關係 12 期
　　（2004 年）。

莊國土。「東南亞華僑華人數量的新估算」。廈門大學學報 3
　　期（廈門：2009 年 3）：62-69。

張登及。「『再平衡』對美中關係之影響：一個理論與政策
　　的分析」。遠景季刊 14 卷 2 期（台北：2013 年）：53-
　　98。

張登及、陳瑩義。「朝貢體系再現與『天下體系』的興起？中
　　國的外交案例研究與理論反思。中國大陸研究 55 卷 4 期
　　（台北：2012 年）：89-123。

陳元中、陳兵。「中國與印度尼西亞政治關係的歷史發展」。
　　廣西民族大學學報 28 卷 8 期（廣西：2006 年）：89-
　　95。

黃瓊萩。「關係平衡 vs. 普世改造：中美國際干預風格與大戰
　　略思維之比較」。中國大陸研究 58 卷 4 期（台北：2015
　　年 12 月）：71-92。

蔡東杰。「後冷戰時期美國東亞政策及其戰略布局」。東亞研
　　究 39 卷 2 期（台北：2008 年）：177-198。

楊昊。「中國—東協關係的和諧與矛盾：擴散性互惠與擴散性
　　脆弱的分析」。2012 亞太和平觀察。中央研究院，（台北：
　　2015 年）：133-171。

熊厚。「中國對外多邊援助的理念與實踐」。外交評論。北京：
　　第 27 卷第 5 期，2010 年）：49-63。

寇健文。「中共菁英政治的研究途徑與發展」。中國研究。第
　　47 卷第 3 期（2004 年 9 月））：1-28。

（四）論文

王成至。「東亞地區主義的中國式思考」。多邊合作與中國外
　　交。第 4 輯。北京：時事出版社。

李寶俊。「戰略夥伴關係與中共外交的歷史抉擇」。鄭宇碩主編。後冷戰時期的中國外交。香港：天地圖書，1999 年。

邱炫元，「東南亞研究的三種亞洲視點：在地論、跨國論語亞洲作為方法」。楊昊、陳琮淵主編。台灣東南亞研究新論—圖像與路向。台北：洪葉文化，2013 年 10 月。

威廉・凱勒，托馬斯・羅斯基。「亞洲的戰略與經濟轉型」。中國的崛起與亞洲的勢力均衡。劉江譯。上海：上海人民出版社。2010 年 1 月，頁 3-16。

楊昊。「東南亞區域研究的技藝：方法解放論的省思」。楊昊、陳琮淵主編。台灣東南亞研究新論—圖像與路向。台北：洪葉文化。2013 年 10 月。

顏聲毅。「中國的安全環境與周邊外交政策」。蕭佳靈、唐賢興主編。大國外交—理論、決策、挑戰。北京：時事出版社。2003 年。

（五）網頁

人民新聞網。「1964 年 2 月 18 日周恩來提出援外八項原則」。2003 年 8 月 1 日。<http://www.people.com.cn/GB/historic/0218/5805.html>

人民新聞網。「習近平在莫斯科國際關係學院的演講」。2013 年 3 月 24 日。<http://politics.people.com.cn/n/2013/0324/c1024-20892661.html. >

人民新聞網。「習近平關於實現中華民族偉大復興的中國夢論述摘編」。2012 年 11 月 8 日。<http://theory.people.com.cn/BIG5/68294/388648/>

大紀元網。「印尼 馬來西亞的文化之爭」。2009 年 10 月 20 日。<http://www.epochtimes.com/gb/9/10/20/n2695277.htm>

上合組織官網，「上海合作組織簡介」。2017 年 12 月 31 日。<http://chn.sectsco.org/about_sco/>

中央社新聞網。「大陸應撤銷東海防空識別區」。2013 年 11
　　月 27 日。<http//www.cna.com.tw/news/can/201311270024-
　　1.aspx>

中央社新聞網。「陸航艦南下」。2013 年 11 月 27 日。<http//
　　www.cna.com.tw/news/can/201311270057-1.aspx.>

中央社新聞網。「臺灣印尼必須持續合作」。2014 年 8 月 24 日。
　　<http://www.cna.com.tw/news/firstnews/201408240010-1.
　　aspx>

中央社新聞網。佐柯威會習近平：落實戰略夥伴關係」。2014
　　年 11 月 9 日。「<http://www.chinatimes.com/realtimene
　　ws/20141109002225-260408>

中央社新聞網。「一帶一路 習近平的國際戰略」。2014 年 11
　　月 3 日。<http//www.cna.com.tw/news/can/201411030158-
　　1.aspx.>

中央社新聞網。「習近平會佐科威全面推動戰略夥伴關
　　係 」。2015 年 3 月 27 日。<http://www.cnabc.com/news/
　　aall/201503270202.aspx>

中央社新聞。「陸貸款印尼 1360 億建高鐵簽約」。2017 年 5
　　月 14 日。<http://www.cna.com.tw/news/acn/201705140251-
　　1.aspx>

中央社新聞網。「習近平佐柯威熱線，加強陸印合作」。
　　2015 年 6 月 24 日。<http://www.cna.com.tw/news/
　　aopl/201506240118-1.aspx>

中華經濟研究院。「東協經濟共同體：現狀、挑戰與前景」。
　　2016 年 1 月 14 日。<http://web.wtocenter.org.tw/Page.
　　aspx?nid=126&pid=274640>

中國外交部網站。「中國同印度尼西亞的關係」。2017 年
　　12/30 日。<http://www.fmprc.gov.cn/web/gjhdq_676201/
　　gj_676203/yz_676205/1206_677244/sbgx_677248/>

中國國家發展改革委員會、外交部及商務部外交部。2「推動
共建絲綢之路經濟帶和 21 世紀海上絲綢之路的願景與行
動」。017 年 4 月 7 日。<http://www.beltandroadforum.org/
BIG5/n100/2017/0407/c27-22.html>

中國國務院網。「中國印尼第二次能源論壇在上海舉行黃菊出
席」。2006 年 10 月 28 日。<http://www.gov.cn/ldhd/2006-
10/28/content_426366.htm>

中國國際貿易促進委員會網。「印度尼西亞對外貿易情況」。
2014 年 12 月 26 日。<http://www.ccpit.org/Contents/
Channel_3362/2014/1226/438013/content_438013.htm>

印尼星洲日報網。「佐科威會見習近平，印中積極對街海洋戰
略 」。2016 年 9 月 3 日。<http://indonesia.sinchew.com.
my/node/62249>

東協秘書處資訊網。「東協與中國對話關係」。2019 年 5
月 6 日。<https://asean.org/wp-content/uploads/2012/05/
Overview-of-ASEAN-China-Relations-August-2018_For-
Website.pdf>

新華社新聞網。「胡錦濤十八大報告〉。2012 年 11 月 28 日。
<http://big5.xinhuanet.com/gate/big.5/www.cs.com.cn/xwzx/
hg/201211/t20121108_3720567.htm>

新華社新聞網。「習近平在周邊外交工作座談會上發表重
要 講 話 」。2013 年 10 月 25 日。<http://big5.xinhuanet.
com/gate/big5/news.xinhuanet.com/politics/2013-10/25/
c_117878897.htm>

新華社新聞網。「中國政府和印尼政府關於恢復外交關係
的 諒 解 備 忘 錄（1990 年 ）」。2015 年 2 月 1 日日。
<http://big5.xinhuanet.com/gate/big5/www. xinhuanet.com/
newscenter/ztlpcfytsg.htm.>

新華社新聞網。「習近平在周邊外交工作座談會上發表重
要 講 話 」。2013 年 10 月 25 日。<http://big5.xinhuanet.

com/gate/big5/news.xinhuanet.com/politics/2013-10/25/
c_117878897.htm.>

新華社新聞網。「李克強：共繪充滿活力的亞洲新願景—在
2016 年博鰲亞洲論壇年會開幕式上的演講」。2017 年 12
月 1 日。<http://news.xinhuanet.com/fortune/2016-03/24/
c_128830171.htm >

經濟部國貿局。「加強對東南亞及澳紐地區經貿工作綱
領　」。2001 年 4 月 25 日。<http://npl.ly.gov.tw/npl/
report/900425/5.pdf>

經濟部國貿局。「加強對東南亞地區經貿工作綱領」。2009 年
12 月 13 日。<http://www.trade.gov.tw>

二、英文部分

（一）專書

Acharya, Amitav. *The Making of Southeast Asia: International Relations of a Region*. New York: Cornell University Press, 2013.

.... *Constructing a Security Community in Southeast Asia: ASEAN and the Problem of Regional Order*. New York: Routledge, 2014.

Alexander, Wendt. *Social Theory of International Politics*. London: Cambridge University Press, 1999.

Anderson, Benedict R. O'G. *Language and Power: Exploring Political Cultures in Indonesia*. Sheffield: Equinox Publishing, 2006.

.... *Imagined Communities: Reflections on the Origin and Spread of Nationalism*. New York: Verso, 2006.

Chia, Josephine. *Kampong Spirit - Gotong Royong: Life in Potong*

Pasir, 1955 to 1965. Jakarta: International Asia Pte Ltd, 2013.

Coppel, Charles A. *Indonesian Chinese in Crisis*. London: Oxford University Press, 1983.

Goldstein, Joshua S., and Jon C. Pevehouse. *International Relations. 7th Edition*. Quebecor: World Taunton, 2006.

Cox, Michael, and Doug Stokes. *US Foreign Policy*. New York: Oxford University Press Inc., 2012.

Crouch, Harold A. *Political Reform in Indonesia After Suharto*. Singapore: Institute of Southeast Asian Studies, 2010.

Hasan, Samiul, and Jenny Onyx, *Comparative Third Sector Governance in Asia: Structure, Process, and Political Economy*. Berlin: Springer Science & Business Media, 2008.

Heywood, Andrew. *Global Politics. 2th Edition*. London: Palgrave Macmillan, 2014.

H. Tajfel. *Human Groups and Social Categories: Studies in Social Psychology*. Cambridge: Cambridge University Press, 1981a.

Keohane, Robert and Joseph Nye. *Power and Interdependence*. New York: Harper Collins Publishers, Second edition, 1989.

Yang, Mu, Lim Tin Seng, and Michael S. H. Heng. *Global Financial Crisis and Challenges for China*. Singapore: World Scientific, 2012.

Pritchard, E. E. Evans. *Social Anthropology*. London: Routledge Taylor & Francis Group, 1965.

Soesastro, Hadi. *After the resumption of diplomatic relations: aspects of Sino-Indonesian economic relations*. Jakarta: Centre for Strategic and International Studies, 1991.

Sukma, Rizal. *Indonesia and China: The Politics of a Troubled Relationship*. London: Routledge, 2003.9.

Suryadinata, Leo. *Southeast Asia's Chinese Businesses in an Era of Globalization Coping with the Rise of China.* Singapore: Institute of Southeast Asian Studies, 2006.

Sutter, Robert. *Chinese Foreign Relations: Power and Policy Since the Cold War.* Maryland: Rowman & Littlefield, 2010.

Waltz, Kenneth N. *Theory of International Politics, Reading.* Mass: Addison-Wesley, 1979.

Wendt, Alexander. *Social Theory of International Politics.* Cambridge: Cambridge University Press, 1999.

Woon, Walter. *The ASEAN Charter: A Commentary.* Singapore: NUS Press, 2015.

Wu, Shicun, and Keyuan Zou, *Non-Traditional Security Issues and the South China Sea: Shaping a New Framework for Cooperation.* Lendon: Routledge, 2016.

（二）期刊

Alexandra, Lina A. "Indonesia as a [Possible] Leader in the New Regional Architecture: Future or Illusion?" *The Indonesian Quarterly*, 41:3 (Third Quarter 2013): 88-108.

Basuki, Tobias. "Chinese Indonesians' Quest for Identity: A Problem of an Ethnic Minority Integration." *The Indonesian Quarterly*, (Second Quarter 2013): 88-126.

Bachman, David. "Aspects of an Institutionalizing Political System: China, 1958-1965." *The China Quarterly* 188, (2006): 933-958.

Chen, Hsin-Chih. "Beijing's One Belt and One Road, Strategy: Visions, Practices and Impacts, Prospect Foundation." *Prospect Journal Taiwan Forum* 14 (October 2015):46-47.

Chen, Ian Tsung-Yen, and Alan Hao Yang. "A Harmonized Southeast Asia? Explanatory typologies of ASEAN countries' strategies to the rise of China," *Pacific Review*, 2013, Vol. 26, Issue 3, 265-288.

Friedberg, Aaron. "The Future of U.S.-China Relations: Is Conflict Inevitable?" *International Security*, 2005, Vol. 30, No. 2, 7-45.

Hao, Pei-Chih. "Great Powers' Strategy and Regional Integration," *ISSUES & STUDES*, Vol. 45 No. 1(2009, 3), 163-202.

Johnston, Alastair Iain. "Is China a Status Quo Power?" *International Security*, Vol. 27 No. 4, 5-56.

Kissinger, Henry A. "Domestic Structure and Foreign Policy", ed. In James N. Rosenau, *International Politics and Foreign Policy*, 261-275.

Muhibat, Shafiah F. "Indonesia and the Concept of Regional Power," *The Indonesian Quarterly, Third Quarter*, Vol. 41 No. 3(2013), 109-122.

Narjoko, Dionisius. "Assessing ASEAN Economic Integration and Initiatives for ASEAN Connectivity." *The Indonesian Quarterly CSIS*, Vol. 38, No. 4(2010), 400-415.

Pangestu, Mari. "The External Environment and China Factor: Implications for Indonesia", *The Indonesian Quarterly, CSIS Indonesia*, Fourth Quarter 2004, 237-242.

Schweller, Randall and Xiaoyu Pu. "After Unipolarity: China's Visions of International Order in an Era of U.S. Decline." *International Security*, Vol. 36, No. 1(2011), 41-72.

Sianipar, Michael. "Caught Between the Dragon and the Eagle: The Limit of ASEAN's Hedging Strategy," *The Indonesian Quarterly*, Vol. 39, No. 1(First Quarter 2011), 35-55.

Snyder, Jack. "One World, Rival Theories," *Foreign Policy*, November/December 2004, 53-62.

Sutter, Robert. "Why Does China Matter." *The Washington*

Quarterly, Vol. 27, No. 4(2003), 75-89.

Walt, Stephen, M. "International Relations: One World, Many Theories," *Foreign Policy*, Spring 1998, 29-45.

Waltz, Kenneth N. "Structural Realism after the Cold War," *International Security*, Vol. 25, No. 1(Summer 2000), 5-41.

（三）論文

Chambers, Michael R.. "The Evolving Relationship Between China and Southeast Asia," Ed. By Ann Marie Murphy, Bridget Welsh, Legacy of Engagement in Southeast Asia (Singapore: Institute of Southeast Asian Studies, 2008), 281-310.

Wang Gungwu, "Opening Remark," Ed. By David Koh Wee Hock, Legacies of World War II in South and East Asia (Singapore: Institute of Southeast Asian Studies, 2007), 3-6.

（四）報紙

Sudarsono, Juwono. "ASEAN's strategic opportunity" Jakarta Post, Jakarta: 2011,11,09.

Yu, Xinyan. "US making sure no countries dominate South China Sea." Jakarta Post, Jakarta: 2012,1,10.

（五）網頁

印尼中央統計局網站 <http://www.bps.go.id/tab_sub/view. php?tabel=1&id_subyek=12 >

東協秘書處網站 < http://www.asean.org/asean/external-relation/ china>

荷蘭印尼投資網站 <http://www.indonesia-investments.com/id/ budaya/demografi/item67>

三、印尼文部分

（一）專書

Abu, Rifai. *Sistim gotong royong dalam masyarakat desa daerah Kalimantan Timur.* Jakarta: Departemen Pendidikan dan Kebudayaan Indonesia, 1979.

Ahmad, Mariah. *Gotong-royong di sekolah.* Jakarta: Golden Books Distributors, 2012.

Arifin, Sjamsul, Dian Ediana Rae, Charles R. Joseph. *Kerja Sama Perdagangan Internasional: Peluang dan Tantangan bagi Indonesia.* Jakarta: Elex Media Komputindo, 2007.

Arifin, Sjamsul, R. Winantyo, Yati Kurniati, *Integrasi keuangan dan moneter di Asia Timur: peluang dan tantangan bagi Indonesia.* Jakarta: Bank Indonesia, 2007.

Davidson, Jamie S. David Henley, Sandra Moniaga. *Adat dalam Politik Indonesia.* Jakarta: Yayasan Pustaka Obor Indonesia, 2010.

Departemen Pendidikan dan Kebudayaan Indonesia, *Sistem gotong royong dalam masyarakat pedesaan daerah Sumatera Selatan.* Jakarta: Departemen Pendidikan dan Kebudayaan Indonesia, 1979.

Geriya, I Wayan, Ketut Sudhana Astika, Si Luh Swarsi, Rifai Abu, *Sistim gotong royong dalam masyarakat pedesaan daerah Bali.* Jakarta: Departemen Pendidikan dan Kebudayaan, Proyek Inventarisasi dan Dokumentasi Kebudayaan Daerah, 1986.

Gitosardjono, Sukamdani S.. *Dinamika hubungan Indonesia-Tiongkok di era kebangkitan Asia.* Jakarta: Lembaga Kerjasama Ekonomi, Sosial, dan Budaya Indonesia-China, 2006.

Ibrahim, Muhammad. M Arifin, Nasruddin Sulaiman, Rusdi Sufi,

Zakaria Ahmad, Hasan Mu'arif Ambary, T. Ibrahim Alfian MA, *Sejarah Daerah Propinsi Daerah Istimewa Aceh.* Jarkarta: Direktorat Jenderal Kebudayaan, 1991.

Indonesia, Direktorat Jenderal Kebudayaan. *Sistem Gotong Royong dalam Masyarakat Pedesaan Daerah Khusus Ibukota Jakarta.* Jakarta:Direktorat Jenderal Kebudayaan, 1979.

Jayaputra, Achmadi. *Suku bangsa di Indonesia.* Jakarta: Departemen Sosial RI, 2002.

Koentjaraningrat. Kebudayaan, *Mentalitas dan Pembangunan.* Jakarta: PT Gramedia Pustaka Utama, 2000.

Mailoa, J. Rifai Abu, Nelly Tobing, Proyek Inventarisasi dan Dokumentasi Daerah, *Sistim gotong royong dalam masyarakat pedesaan daerah Maluk.* Jakarta: Proyek Inventarisasi dan Dokumentasi Kebudayaan Daerah, Pusat Penelitian Sejarah dan Budaya, Departemen Pendidikan dan Kebudayaan, 1986.

Manning, Chris & Peter van Diermen. *Indonesia di Tengah Transisi: Aspek-Aspek Sosial Reformasi dan Krisis.* Yogyakarta: PT LKiS Pelangi Aksara, 2000.

Mujan, Saiful. *Muslim demokrat: Islam, budaya demokrasi, dan partisipasi politik di Indonesia pasca Orde Baru.* Jakarta: Gramedia Pustaka Utama, 2007.

Nurhadiantomo, *Hukum reintegrasi sosial: konflik-konflik sosial pri-non pri dan hukum keadilan social.* Surakarta: Muhammadiyah University Press, 2004.

Simanjuntak, *Hasmah Hasyim. Sistim Gotong Royong Dalam Masyarakat Pedesaan Daerah Sumatera Utara.* Jakarta: Direktorat Jenderal Kebudayaan, 1979.

Soejono, Richard Z. Leirissa. *Sejarah Nasional Indonesia: Zaman Prasejarah di Indonesia.* Jakarta: PT Balai Pustaka, 2008.

Soegoto, Eddy Soeryanto. *Entrpreneurship: menjadi Pebisnis Ulung*. Jakarta: Elex Media Komputindo, 2009.

Subagio, Apri. *Go Go Indonesia; 101 Alasan Bangga Jadi Ank Indonesia*. Jakarta：Cerdas Interaktif, 2013.

Suwarno, J.. *Pancasila budaya bangsa Indonesia: penelitian Pancasila dengan pendekatan, historis, filosofis & sosio-yuridis kenegaraan*. Jakarta: Kanisius, 1993.

Suwond, Bambang. *Sistem gotong-royong dalam masyarakat desa daerah Jawa Timur*. Jakarta: Departemen Pendidikan dan Kebudayaan, 1982.

Swara, Puspa. Arimbi Bimoseno. *JOKOWI RAPOPO JADI PRESIDEN. Jakarta: Puspa Swara, 2014.Tim Edu Penguin. HARAPAN RAKYAT KABINET KERJA JOKOWI-JK & UUD 1945*, Jakarta: PT. Edu Penguin, 2014.

Tim Smart Genesis. *UUD 1945 & Amandemen*. Jakarta: HutaMedia, 2016.

Wanganea, Yopie. *Rifai Abu, Sistem gotong royong dalam masyarakat pedesaan daerah Riau*. Jakarta: Departemen Pendidikan dan Kebudayaan Indonesia, 1979.

Wiyono, Al Sugeng. B*elajar Spiritual Bersama "The Thinking General."* Jakarta: Galangpress Grup, 2009.

Yunus, Ahmad. Meraba Indonesia, *Ekspedisi Gila Keliling Nusantara*. Jakarta: Serambi Ilmu Semesta, 2011.

Yusuf dan Toet. *Indonesia Punya Cerita: Kebudayaan dan Kebiasaan Unik di Indonesia*. Jakarta: Penebar Swadaya Grup, 2012.

Zein, Abdul Baqir. *Etnis Cina dalam Potret Pembauran di Indonesia*. Jakarta: PT. Prestasi Insan Indonesi, 2000.

Hassan, Zamri Haji. *Gotong royong dan manfaatnya sebagai*

mekanisme kebajikan dan pembangunan komuniti. Kuala Lumpur: Universiti Malaya, 2004.

（二）期刊

Alexandra, Lina A. "ASEAN di Tengah Multilateralisme Asia: Tantangan dan Peluang bagi Sentralitas ASEAN," *Analisis CSIS,* Vol. 39, No. 4(Desember 2010), 446-461.

Andrea, Faustinus. "Tinjauan Perkembangan Regional dan Global: Tantangan ASEAN dan Masalah Konflik Laut China Selatan," *Analisis CSIS,* Vol. 40, No. 3(September 2011), 297-309.

Inayat, Ratna Shofi. "Pemerintahan Susilo Bambang Ydhoono dan Politik Luar Negeri Indonesia," *Jurnal Penelitian Politik,* Vol. 2, No. 1(2005), 38-45.

Rosyidin, Mohamad. "Mencari Idetitas Politik Luar Negri Indonesia Kontemporer," *Analisis CSIS, Kuartal Pertama,* Vol. 5, No. 1 (2016), 77-94.

Sukma Rizal. "Mengelola Paradoks: Identitas, Citra dan Posisi Internasional Indonesia," Analisis CSIS, , Vol. 39, No. 4(Desember 2011), 432-445.

Yudhoyono, Susilo Bambang. "Tinjauan Perkembangan Politik: Indonesia dan Persaingan di Pentas Global," *Analisis CSIS,* , Vol. 40, No. 3(September 2011), 259-272.

（三）報紙

Soesastro, Hadi. "Hubngan Indonesia-Cina Mana Dagingnya?" *KOMPAS,* Jakarta, 2002, 4, 1.

Widyahartono, Bob. "Perkembangan Hubungan Ekonomi Antara China dan Indonesia," *KOMPAS,* Jakarta, 2007,11,26.

Kompas, "ASEAN-China Harus Bekerja Sama", *KOMPAS,* Jakarta, 2006,11,01.

Patnistik, Egidius, "ASEAN Diam-diam Setujui Rencana AS." *KOMPAS*, Jakarta, 2011,12,1.

（四）網頁

印尼外交部網站 <http://www.kemlu.go.id/washington/id/profil.aspx>

印尼安塔拉社新聞網 <https://jateng.antaranews.com/detail/china-proyek-kereta-cepat-bandung-jakarta-dan-lainnya-dalam-kemajuan-positif.html>

印尼時代報社新聞網 <http//www.tempo.co/read/news/2014/11/1/118621686>

印尼國家銀行網 <http://www.bi.go.id/id/publikasi/laporan-tahunan/perekonomian/Documents/LPI2016-web.pdf>

印尼國際戰略研究中心網 < http://www.csis.or.id/papers/wps054 >

印尼羅盤報新聞網 <http://internasional.kompas.com/read/2009/03/22/05213018/Potensi.Konflik.karena.Masalah.Perbatasan>

附錄

一、印尼的互助合作（**Gotong Royong**）特色

地區	Gotong Royong的互助合作內容
北蘇門答臘 Sumatera Utara	農作收成時，同一村的居民共同參與收成工作；當其中有農戶需要收成人力時，曾接受過幫忙的農民也會一起參與農作的收成，給予回饋式的協助。[1]
南蘇門答臘 Sumatera Selatan	在舉行喪禮時，會互相幫忙準備祭祀，以及各種服飾與佈置，尤其是合力製作蠟染的喪服備用。[2]
峇里島 Pulau Bali	在當地的傳統慶典上，同一個地區的民眾會共同投入準備活動的各式各樣祭品、餐點，以及安排表演節目等。[3]
馬露姑群島 Kepulauan Maluku	在其周邊海域的珍珠盛產季節，居民需大量人力進行採收，並分別在陸地與沿海地區都需要採珠作業人力，居民們通常都會集體採收珍珠，共同發揮「互助合作」的團隊力量，完成季節性採珠工作。[4]
東爪哇 Jawa Timur	東爪哇的印尼人遵循先輩習慣穿著蠟染織布衣（Batik），製作這樣的服裝需要經過繁複工序，當地的民眾採分工合作方式，將各種工序分配給不同的人來完成，非常重視整體的互相協助與合作，因此也將此稱為Gotong Royong。[5].

地區	Gotong Royong的互助合作內容
東爪哇 Jawa Timur	東爪哇的印尼人遵循先輩習慣穿著蠟染織布衣（Batik），製作這樣的服裝需要經過繁複工序，當地的民眾採分工合作方式，將各種工序分配給不同的人來完成，非常重視整體的互相協助與合作，因此也將此稱為Gotong Royong。[5].
廖內 Riau	在經濟活動上展現互助合作精神，尤其是共同合作來經營生意等。[6]
加里曼丹 Kalimantan	當地的達雅族（Dayak），以一種長廊房屋（Rumah Panjang）做為協商衝突事件之談判室，透過各方代表的協調來化解紛爭，成為一種維持社會穩定與秩序的特有文化表現。[7]
印尼全區	1.各行各業都存在所謂的「互助會」（arisan）組織，藉繳交互助會費方式，當會員遇有困難時，其所屬互助會便給予財力支援，使每位會員可以資源共享，度過生活上的難關。[8] 2.在每年一度的回教「宰牲節」（Hari Raya Korban），村里間依照回教習俗，宰殺牛、羊分享親友。財富較多或地位較高者，以提供較貴的牛肉給鄰居朋友；財力普通者則提供較平價的羊肉做分享。[9]

附錄 201

資料來源：

1.B.A. Simanjuntak, Hasmah Hasyim, A.W. Turnip, Jugat Purba, *E.K. Siahaa, Sistim Gotong Royong Dalam Masyarakat Pedesaan Daerah Sumatera Utara* (Jakarta: Direktorat Jenderal Kebudayaan, 1979), 52-53.

2.epartemen Pendidikan dan Kebudayaan Indonesia, *Sistem gotong royong dalam masyarakat pedesaan daerah Sumatera Selatan* (Jakarta: Departemen Pendidikan dan Kebudayaan Indonesia, 1979),146.

3.Wayan I. Geriya, Ketut Sudhana Astika, Si Luh Swarsi, Rifai Abu, *Sistim gotong royong dalam masyarakat pedesaan daerah Bali.* (Jakarta: Departemen Pendidikan dan Kebudayaan, Proyek Inventarisasi dan Dokumentasi Kebudayaan Daerah, 1986),107.

4.J. Mailoa, Rifai Abu, Nelly Tobing, Proyek Inventarisasi dan Dokumentasi Daerah, *Sistim gotong royong dalam masyarakat pedesaan daerah Maluk* (Jakarta: Proyek Inventarisasi dan Dokumentasi Kebudayaan Daerah, Pusat Penelitian Sejarah dan Budaya, Departemen Pendidikan dan Kebudayaan,1986),64.

5.Bambang Suwond, *Sistem gotong-royong dalam masyarakat desa daerah Jawa Timur* (Jakarta: Departemen Pendidikan dan Kebudayaan, 1982), 47.

6.Yopie Wanganea, Rifai Abu, *Sistem gotong royong dalam masyarakat pedesaan daerah Riau* (Jakarta: Departemen Pendidikan dan Kebudayaan Indonesia, 1979),107.

7.Ahmad Yunus, Meraba Indonesia, *Ekspedisi Gila Keliling Nusantara* (Jakarta: Serambi Ilmu Semesta, 2011),128.

8.Samiul Hasan, Jenny Onyx, *Comparative Third Sector Governance in Asia: Structure, Process, and Political Economy* (Berlin: Springer Science & Business Media, 2008), 271.

9.Clifford Geertz, Aswab Mahasin, Bur Rasuanto, Abangan, santri, *priyayi: dalam masyarakat Jawa* (Jakarta: Pustaka Jaya, 1983), 236.

二、印尼總統令（1985 年第九號關於印尼與中國直接貿易原則）

INSTRUKSI PRESIDEN REPUBLIK INDONESIA
NOMOR 9 TAHUN 1985
TENTANG
PEDOMAN PENYELENGGARAAN HUBUNGAN DAGANG LANGSUNG
ANTARA
INDONESIA-CINA

PRESIDEN REPUBLIK INDONESIA,

Menimbang :
1. bahwa Pemerintah perlu mengambil langkah-langkah guna memperlancar pelaksanaan kesepakatan-kesepakatan dasar antara KADIN Indonesia dan China Council for the Promotion of International Trade (CCPIT) mengenai hubungan dagang langsung antara Indonesia-Cina yang telah disetujui oleh Pemerintah Republik Indonesia;
2. bahwa untuk itu dipandang perlu untuk mengeluarkan Instruksi Presiden mengenai pedoman Penyelenggaraan Hubungan Dagang Langsung antara Indonesia-Cina;

Mengingat :
Pasal 4 ayat (1) Undang-Undang Dasar 1945;

MENGINSTRUKSIKAN :

Kepada :. Menteri Luar Negeri;
2. Menteri Kehakiman;
3. Menteri Perdagangan;
4. Menteri Perhubungan;
5. Menteri Pariwisata, Pos, dan Telekomunikasi;
6. Menteri Muda/Sekretaris Kabinet;
7. Panglima ABRI/Pangkopkamtib;
8. Gubernur Bank Indonesia;
9. Kepala BAKIN.

Untuk :
Melaksanakan kebijaksanaan dan mengambil langkah-langkah guna membantu kelancaran hubungan dagang langsung antara Indonesia-Cina dengan menggunakan pedoman yang tertuang dalam lampiran Instruksi Presiden ini.
Instruksi Presiden ini mulai berlaku pada tanggal dikeluarkan.

Dikeluarkan di Jakarta
pada tanggal 23 Juli 1985
PRESIDEN REPUBLIK INDONESIA,
ttd.
SOEHARTO

LAMPIRAN
INSTRUKSI PRESIDEN REPUBLIK INDONESIA
NOMOR 9 TAHUN 1985
TANGGAL 23 JULI 1985
PEDOMAN PENYELENGGARAAN HUBUNGAN
DAGANG LANGSUNG ANTARA INDONESIA-CINA

Mengingat belum adanya hubungan diplomatik antara kedua pemerintahan untuk membentuk kelancaran hubungan dagang langsung antara Indonesia-Cina perlu digariskan pedoman sebagai berikut :

I. Umum

Hubungan dagang langsung antara Indonesia Cina dilaksanakan berdasarkan kebijaksanaan umum perdagangan dan tataniaga yang digariskan oleh Pemerintah.

II. Komoditi Perdagangan

1. Pada prinsipnya semua komoditi perdagangan dapat diekspor ke Cina, dengan memperhatikan ketentuan-ketentuan yang dikeluarkan oleh Pemerintah Indonesia atau badan-badan internasional yang menyangkut komoditi tersebut.

2. Pada prinsipnya semua barang-barang dari RRC dapat di impor dengan memperhatikan kebijaksanaan-kebijaksanaan Pemerintah tentang perlindungan terhadap industri dari dalam negeri.

III. Tataniaga

1. Pada prinsipnya semua eksportir/importir dapat mengadakan transaksi langsung dengan Cina.

2. Para eksportir/importir dianjurkan mengadakan koordinasi/kerjasama yang sebaik-baiknya untuk menarik manfaat sebesar-besarnya.

IV. Tatacara Pembayaran

1. Pembayaran transaksi dagang dilakukan melalui prosedur pembukaan L/C atau prosedur-prosedur perdagangan lainnya yang lazim dengan pembayaran tunai.

2. Alat pembayaran yang digunakan untuk transaksi adalah mata uang yang dapat dipertukarkan secara bebas. (convertible currencies).

V. Keimigrasian

1. Pelayanan pemberian visa kepada pegadang Cina yang akan memasuki Indonesia dilakukan oleh Perwakilan Republik Indonesia di Hongkong atau di Singapura.

2. Visa dapat dipertimbangkan diberikan kepada pedagang Cina yang akan berkunjung ke Indonesia yang mendapat undangan dari KADIN Indonesia, dari asosiasi, Badan Usaha Milik Negara atau dari perorangan.

3. Untuk tujuan-tujuan perdagangan pada dasarnya setiap warga negara Indonesia dan pegawai dari Badan Usaha Milik Negara diberikan izin berkunjung ke Republik Rakyat Cina.
4. Anak buah kapal bendera Republik Rakyat Cina yang berlabuh, di pelabuhan-pelabuhan Indonesia diizinkan turun dari kapal ke darat dalam lingkungan wilayah kerja pelabuhan yang bersangkutan.

VI. Pengangkutan
1. Pengangkutan barang dagangan antara Indonesia-Cina dapat menggunakan kapal berbendera Indonesia, kapal berbendera Cina ataupun kapal-kapal berbendera negara lain.
2. Pelabuhan-pelabuhan di Indonesia yang dibuka untuk kapal berbendera Cina dalam rangka perdagangan langsung Indonesia-Cina, adalah :
   a. Pelabuhan-pelabuhan sesuai dengan ketentuan-ketentuan yang berlaku untuk perdagangan luar negeri, ialah Belawan, Tanjung Priok, Tanjung Perak dan Ujung Pandang;
   b. Pelabuhan-pelabuhan lain yang segera di tentukan kemudian terutama di tempat-tempat yang menghasilkan komoditi ekspor dalam jumlah yang besar.

VII. Komunikasi
   Untuk kelancaran hubungan dagang langsung Indonesia-Cina disediakan pelayanan komunikasi yang meliputi pelayanan telepon, teleks dan pos.

VIII. Koordinasi
1. Untuk jangka waktu tertentu yang akan diakhiri kemudian, koordinasi pelaksanaan hubungan dagang langsung Indonesia-Cina dilakukan oleh Menteri Muda/Sekretaris Kabinet.
2. Pelaksanaan teknis dari pedoman ini dilakukan oleh epartemendepartemen/ Instansi-instansi yang berwenang berdasarkan peraturan perundang-undangan yang berlaku.

PRESIDEN REPUBLIK INDONESIA,

ttd.

SOEHARTO

資料來源：印尼法律與人權部網頁 https://www.bphn.go.id/data/documents/85ip009.pdf

三、中華人民共和國政府和印度尼西亞共和國政府關於恢復兩國外交關係公報

　　中華人民共和國政府和印度尼西亞共和國政府，根據雙方於一九八九年二月二十三日在東京達成的關於在和平共處五項原則和萬隆會議十項原則基礎上實現兩國關係正常化的一致意見，通過友好協商，決定自一九九０年八月八日起恢復兩國外交關係。

　　據此，中華人民共和國政府和印度尼西亞共和國政府同意互派大使，並為對方大使館的重新開設提供方便。

　　雙方宣布，應蘇哈托總統閣下的邀　，李鵬總理閣下將於中、印尼兩國恢復外交關係之際，對印度尼西亞進行正式友好訪問。

　　中華人民共和國印度尼西亞共和國

　　外交部長外交部長

　　錢其琛

資料來源：中國外交部網頁 <www.mfa.gov.cn/chn//gxh/zlb/smgg/t6118.htm>

四、 中華人民共和國與印度尼西亞共和國關於 建立戰略夥伴關係的聯合宣言

為紀念中華人民共和國和印度尼西亞共和國建交五十五周年、萬隆會議召開五十周年、聯合國成立六十周年，我們作為中國和印度尼西亞共和國國家元首，共同回顧了雙邊關係發展歷程。

我們一致認為，中國和印尼已成為重要的合作夥伴。作為兩個發展中大國，我們應從戰略高度處理長遠利益，把兩國關係推上一個新高度，造福兩國和兩國人民，並為發展中國家的團結合作和人類的和平發展事業作出新的貢獻。

為此，我們同意建立中華人民共和國與印度尼西亞共和國戰略夥伴關係。

這一戰略夥伴關係應是不結盟、非排他的關係，旨在促進兩國和兩國人民的和平、穩定與繁榮。這一戰略夥伴關係應以《聯合國憲章》、和平共處五項原則、萬隆會議十項原則、《東南亞友好合作條約》以及其他公認的國際法為準則。

這一戰略夥伴關係應是加強中國－東盟戰略夥伴關係的重要支柱，也是發展中國家南南合作的重要組成部分。這一戰略夥伴關係應成為區域、跨區域及國際論壇和組織開展密切協調與合作的一個基礎，旨在致力於建立全面、互利的紐帶，迎接新千年的挑戰，並促進地區和世界的和平、穩定

與繁榮。

　　這一戰略夥伴關係應以加強政治與安全合作、深化經濟與發展合作、促進社會文化合作、擴大民間交往為主要內涵。

　　為此，我們達成以下共識：

一、政治與安全合作

（一）加強高層經常性互訪與溝通，促進相互接觸與聯繫，推動雙方就共同關心和關注的雙邊、地區和國際問題開展對話：

　　1、建立國務委員和統籌部長級別的對話機制，加強中印尼關係與雙方合作；

　　2、鞏固由兩國外長牽頭的中印尼政府間雙邊合作聯委會在協調與審議現有對話機制方面的作用；

　　3、加強中印尼高官級磋商在落實雙邊各級對話機制所作決定方面的作用，並探討需要時在雙方達成一致的基礎上在各個合作領域增設適當級別的機制；

　　4、鼓勵中印尼立法機關直接交往，並在東盟議會組織、亞洲議會和平協會、各國議會聯盟等國際議會組織中保持協調與合作。

（二）繼續促進兩國在相互尊重獨立、主權和領土完整原則上的相互理解、相互支持。中國支持印度尼西亞共和

　　國政府為維護國家統一和領土完整所作的努力。印尼
　　重申繼續奉行一個中國政策，承認中華人民共和國政
　　府是代表全中國的唯一合法政府，台灣是中國不可分
　　割的一部分。印尼支持中國的和平統一進程。

（三）繼續致力於聯合國系統的有效改革與民主化進程，推
　　　動多邊主義，增強聯合國在維護和促進國際和平、安
　　　全及可持續發展方面的作用，並保障發展中國家在聯
　　　合國決策過程中擁有更大的參與權和共享權。

（四）通過亞非新型戰略夥伴關係加強與亞非國家的合作，
　　　加強與不結盟運動國家和７７國集團的合作，共同應
　　　對全球化和不斷變化的世界環境所帶來的挑戰，確保
　　　發展中國家在全球化進程中充分受益。

（五）再次肯定東盟通過建設東盟共同體在促進地區合作方
　　　面發揮的作用，再次肯定中國通過參與東盟東部增長
　　　區等項目在支持東盟工作方面發揮的作用。

（六）共同鼓勵所有核武器國家簽署《東南亞無核武器區條
　　　約》議定書。一俟有關各方就議定書遺留問題達成各
　　　方均能接受的解決方案，中國將儘快簽署《東南亞無
　　　核武器區條約》議定書。

（七）推動落實《南海各方行為宣言》，使南中國海成為合
　　　作平台和友誼橋樑。

（八）促進雙方在防務和軍事領域的互信，推動各自國防工
　　　業發展，積極探討建立防務安全磋商機制。

（九）鼓勵雙方執法和情報部門間開展合作，通過落實現有
　　　合作協議，共同應對恐怖主義、走私、販毒、販賣人
　　　口、洗錢、網絡犯罪及其他跨國有組織犯罪活動等非
　　　傳統安全問題，並積極探討建立磋商機制，根據各自
　　　國家法律促進其他適宜領域的合作。

（十）密切開展海上合作，提升能力建設，建立海上問題磋
　　　商與合作機制。

（十一）加強在打擊各種形式的恐怖主義方面的合作。兩國
　　　　反對將恐怖主義與特定的宗教和民族相聯繫，主張
　　　　反恐行動應完全遵循《聯合國憲章》的宗旨和原則
　　　　以及其他公認的國際法準則。

二、經濟和發展合作

（十二）進一步推動雙邊、地區和國際合作，本着平等互利、
　　　　優勢互補、形式多樣的原則保持經濟持續增長，促
　　　　進雙方經濟夥伴關係和經濟獨立。

（十三）加強與國際組織的合作，確保發展中國家在公正、
　　　　平衡的情況下從多邊貿易體系和貿易自由化進程中
　　　　充分受益。雙方強調在實現聯合國千年發展目標和
　　　　其他國際上達成一致的發展目標上進行合作的重要
　　　　性。

（十四）加快落實《中國－東盟全面經濟合作框架協議》，
　　　　開放並推動貨物和服務貿易，創建透明、自由、便
　　　　利的投資制度。

（十五）鞏固雙方經貿科技聯委會機制，探討各領域合作的新思路、新途徑、新方式。

（十六）促進投資合作，加強雙方投資部門及私營企業間的相互瞭解和聯繫，創造更有利的經濟、社會、政治和法律環境，保證投資流動。

（十七）發展各自中小企業，開展資助、人力資源開發、擴大市場准入的合作，並拓展其他可能開展合作的領域。

（十八）促進金融穩定，加強在培育資本市場，完善資金流動預警機制方面的技術互助。

（十九）加快落實現有機制，加強農業、林業和漁業領域合作，提高上述領域人力資源開發、科技開發、技術援助、生產率和多樣化、可持續管理和能力建設的水平。加強雙方在打擊非法伐木、非法捕魚方面的合作。

（二十）加強能源政策的對話與磋商，進一步發揮中印尼能源論壇的作用，開展政策交流，加強油氣和礦產領域的交流與合作，鼓勵更多企業參與聯合能源資源勘探開發，建立商業上可行的本地區能源運輸網絡，推動能源的可持續發展，包括開發可再生能源、提高能源利用率、節約能源以及和平利用核能。

（二十一）加強道路、橋樑、港口、電力、通訊等基礎設施

建設的合作。印尼歡迎中國參與這一領域合作。
兩國也強調有必要充分利用現有機制，並探討在
陸、海、空交通運輸領域擴大合作。

（二十二）加強科技合作，在食品、以生物技術為重點的醫
藥、能源、交通、信息、通訊和國防領域開展人
力資源開發和聯合研究。

（二十三）推動兩國政府、民間組織和公眾在環境保護領域
的交流與合作。

三、社會文化合作

（二十四）在平等、公正的基礎上重視人權和基本自由，遵
循《聯合國憲章》和其他國際人權文件的原則，
致力於在社會各層面和國際社會中保護上述人權
和自由。

（二十五）促進文化相互尊重，開展雙方旅遊、藝術、新聞、
體育、青年團體和民間組織的合作，確保中印尼
友誼世代相傳。

（二十六）加強教育合作，積極開展培訓交流，鼓勵相互教
學對方語言。

（二十七）加強流行性和非流行性疾病防治的合作和能力建
設。

（二十八）加強在預防和處理自然災害方面的區域和跨區域
合作，建立先進的預警、緊急救助和災後重建機
制。

本宣言於二〇〇五年四月二十五日在雅加達簽訂，一式兩份，每份均以中文、印尼文和英文寫成，三種文本同等作準。

中華人民共和國代表　　印度尼西亞共和國代表

胡錦濤　　　　　　　　蘇西洛·班邦·尤多約諾

資料來源：中國外交部網頁 <www.mfa.gov.cn/nanhai/chn/zcfg/t193365.htm>

五、印尼與中國重要交流與互動

日期	內容摘要	備註
1953.10.28.	印尼首位駐中國大陸大使向毛澤東遞交到任國書	
1955.04.18.	中國大陸總理周恩來率團出席在印尼舉辦的首屆「亞非會議」（萬隆會議）	周恩來提出「和平共處五原則」
1955.04.22.	中國大陸總理周恩來與印尼外交部長簽署「兩國關於雙重國籍條約」	
1956.08.01.	中國大陸人大委員長劉少奇邀請印尼國會議長薩多諾（Satorno）訪問北京	
1956.08.14.	中國大陸人大副委員長宋慶齡訪問印尼	
1956.09.30.	印尼總統蘇卡諾（Soekarno）訪問中國大陸	
1957.09.24.	印尼副總統哈達（Hatta）訪問中國大陸	
1961.06.13.	印尼總統蘇卡諾訪問中國大陸	
1961.08.14.	中國大陸人大副委員長郭沫若訪問印尼	
1963.04.12.	中國大陸國家主席劉少奇訪問印尼	
1964.04.01.	中國大陸副總理兼外長陳奕訪問印尼，並簽署兩國「友好條約」及「文化合作協定」	
1965.08.17.	中國大陸副總理兼外長陳奕訪問印尼出席印尼國慶	

日期	內容摘要	備註
1985.04.25.	中國大陸外長吳學謙訪問印尼參加亞非會議30週年活動	
1990.07.03.	中國大陸外長錢其琛訪問印尼並見證兩國關於恢復關係公報簽署	
1990.08.06.	中國大陸總理李鵬訪問印尼並見證兩國關於恢復關係之「諒解備忘錄」簽字儀式	
1990.11.14.	印尼總統蘇哈托（Suharto）訪問中國大陸	
1992.04.10.	印尼副總統達莫諾（Damono）訪問北京與中國大陸總理李鵬見證兩國五項合作簽字儀式	
1993.07.20.	中國大陸人大委員長喬石訪問印尼	
1994.11.15.	中國大陸國家主席江澤民訪問印尼並出席APEC地2屆領袖會議	
1995.08.15.	中國大陸敦睦艦隊訪問印尼並參加印尼建國50週年國慶活動	
1999.12.01.	印尼總統瓦希德（Wahid）訪問中國大陸並會見江澤民	
2000.05.08.	中國大陸外長唐家璇與印尼外長西哈普（Hihap）在北京簽署中國大陸與印尼未來雙邊合作方向聯合聲明	
2000.07.22.	中國大陸國家副主席胡錦濤訪問印尼	
2001.11.07.	中國大陸總理朱鎔基訪問印尼	
2002.03.24.	印尼總統梅嘉娃蒂（Megawati）訪問中國大陸	

日期	內容摘要	備註
2002.05.17.	中國大陸外交部長唐家璇與印尼外交部長哈山（Hasam）舉行會談	
2002.09.08.	中國大陸人大委員長李鵬對印尼進行正式友好訪問	
2002.09.19.	中國大陸國防部長遲浩田訪問印尼並會見梅嘉娃蒂總統	
2002.10.27.	中國大陸國家主席江澤民訪問印尼並會見印尼總統梅嘉娃蒂	
2003.10.08.	中國大陸總理溫家寶訪問印尼	
2005.04.21.	中國大陸國家主席胡錦濤訪問印尼並出席亞非峰會與萬隆會議50週年紀念活動並簽署兩國「戰略夥伴關係」	
2005.07.28.	印尼總統蘇西洛（Susilo Bambang Yudoyono）訪問中國大陸並發表聯合聲明定2010年為「中印尼友好年」及簽署兩國關於落實戰略夥伴關係聯合宣言的行動計畫	
2005.12.14.	印尼國會議長阿貢（Agung）訪問中國大陸	
2006.03.28.	中國大陸政協主席賈慶林訪問印尼並會見印尼總統蘇西洛	
2006.04.23.	中國大陸國家副主席曾慶紅訪問印尼並會見印尼副總統卡拉	
2006.06.05.	中國大陸向印尼提供巴東地震救災物資	
2006.06.07.	印尼副總統尤淑夫卡拉（Yusfukala）訪問中國大陸	
2006.06.13.	中國大陸外交部長李肇星與印尼外長哈山舉行會談	

日期	內容摘要	備註
2006.11.21.	中國大陸全國人大常委會副委員長司馬義艾買提訪問印尼	
2007.06.06.	印尼副總統尤淑夫卡拉訪問北京	
2007.06.18.	中國大陸全國人大常委會副委員長顧秀蓮訪問印尼	
2007.07.05.	中國大陸外交部長楊潔篪訪問印尼會見印尼總統蘇西洛並與印尼外長舉行會談	
2007.09.10.	印尼總統蘇希洛訪問中國大陸並會見國家主席胡錦濤	
2007.11.12.	中國大陸與印尼簽署「中印尼海洋領域合作諒解備忘錄」	
2008.02.22.	中國大陸全國政協副主席羅豪才訪問印尼	
2008.08.22.	印尼副總統尤淑夫卡拉赴北京出席奧運會閉幕式	
2008.12.22.	中國大陸國務院副總理李克強訪問印尼	
2009.03.23.	印尼經濟統籌部長斯莉穆莉婭妮(Sri Muriani)訪問中國大陸並會見總理李克強	
2010.10.20.	印尼副總統布迪奧諾(Budiyono) 訪問中國大陸會見總理溫家寶	
2010.11.10.	中國大陸人大委員長吳邦國訪問印尼	
2010.12.27.	中國大陸海軍艦艇編隊訪問印尼	
2011.03.22.	中國大陸解放軍副參謀長馬曉天訪問印尼	軍事交流
2011.04.20.	印尼國會議長馬爾祖基(Marsuizi)訪問中國大陸	

日期	內容摘要	備註
2011.04.20.	印尼外交部長馬爾迪 (Mardy)訪問中國大陸並會見外長楊潔篪	
2011.04.21.	印尼從業集團黨(Golkar)代表團訪問中國大陸獲國家副主席習近平接見	
2011.04.28.	中國大陸總理溫家寶訪問印尼並會見印尼總統蘇西洛	
2011.04.28.	中國大陸總理溫家寶訪問印尼除發表加強戰略夥伴關係的聯合公報外並同意建立雙方領導人定期會晤機制	
2011.05.16.	中國大陸國防部長梁光烈訪問印尼	
2011.06.06.	中國大陸解放軍和印尼國民軍舉行「利刃－2011」特種部隊聯合訓練	軍事交流
2011.06.24.	印尼經濟統籌部長哈達(Hatta)訪問北京會見溫家寶	
2011.11.17.	中國大陸總理溫家寶訪問印尼並與印尼總統蘇希洛舉行會談	
2012.02.20.	印尼國防部長普爾莫諾(Burmonor)訪問北京並會見中國大陸中央軍委副主席郭伯雄	
2012.02.29.	印尼政治安全統籌部長蘇揚托(Soejanto)並會見中國大陸總理溫家寶	
2012.03.22.	印尼總統蘇西洛訪問中國大陸並會見國家主席胡錦濤與北京政府發表聯合聲明	
2012.04.10.	中國大陸副總理回良玉訪問印尼並會見印尼副總統布迪奧諾與經濟統籌部長哈達	
2013.10.03.	中國大陸國家主席習近平訪問印尼並在國會演說及與印尼簽署全面戰略夥伴關係	

日期	內容摘要	備註
2013.12.16.	中國大陸國防部長常萬全訪問印尼	
2014.11.04.	印尼總統佐科威及外長雷特諾(Retno Marsudi)訪問中國大陸並會見習近平與外長王毅	
2015.01.27.	中國大陸與印尼高層經濟對話第一次會議舉行	
2015.01.28.	印尼經濟統籌部長索菲安(Sofian)訪問中國大陸並會見總理李克強	
2015.02.03.	中國大陸政治局委員孟建柱擔任習近平特使訪問印尼，拜會總統佐科並會談有關中國大陸「海上絲路」與印尼「海洋強國」戰略的結合結合	
2015.03.26.	中國大陸與印尼簽署海上搜救首個合作備忘錄	
2015.04.25.	中國大陸主席習近平訪問印尼出席萬隆會議60週年紀念活動並會見印尼總統佐科威	
2015.07.29.	中國大陸政協主席俞正聲訪問印尼	
2015.10.01.	印尼外長雷特諾(Retno Marsudi)訪問大陸並會見中國大陸外長王毅	
2015.11.16.	佐科威總統訪問大陸並會見習近平	
2016.04.27.	印尼政治安全統籌部長盧胡特(Luhut Binasar Panjatan)訪問中國大陸	
2016.05.09.	中國大陸外交部長楊潔篪訪問印尼	
2016.09.02.	印尼總統佐科威訪問中國大陸並會見習近平	

資料來源：綜整自中國外交部每年出版的中國外交，以及印尼星洲日報新聞。

國家圖書館出版品預行編目資料

神鷹眼裡的巨龍：印尼對中國外交的文化視角 / 鄧
克禮著. -- 一版. -- 新北市 : 淡大出版中心, 2020.03
　面； 公分. -- (專業叢書 ; PS026)
ISBN 978-957-8736-46-7(平裝)

1.外交政策 2.中國外交
578.393　　　　　　　　109001104

專業叢書 PS026　　　　　　　　ISBN 978-957-8736-46-7

神鷹眼裡的巨龍：印尼對中國外交的文化視角

作　　者	鄧克禮
主　　任	歐陽崇榮
總 編 輯	吳秋霞
行政編輯	張瑜倫
文字校對	何佩雯
封面設計	斐類設計工作室
印 刷 廠	中茂分色製版有限公司

發 行 人	葛煥昭
出 版 者	淡江大學出版中心
	地址：25137 新北市淡水區英專路151號
	電話：02-86318661/傳真：02-86318660
出版日期	2020年6月 一版一刷
定　　價	350元

總 經 銷	紅螞蟻圖書有限公司
展 售 處	淡江大學出版中心
	地址：新北市25137 淡水區英專路151號海博館1樓
	電話：02-86318661 傳真：02-86318660
	淡江大學─麗文書城
	新北市淡水區英專路151號商管大樓3樓